독도, 1500년의 역사

· 1500년의 역사 ·

| 호사카 유지 지음 |

교보문고

독도, 찬란한 1500년의 역사

"독도는 광복의 상징을 넘어 우리 한민족의 미래를 상징한다."

512년 신라의 이사부는 동해의 우산국을 정복해 신라에 합병시켰다. 우산국은 울릉도를 중심으로 한 나라였고 독도가 포함되어 있었다. 그 후 1500년간 독도는 변함없이 우리 민족의 섬이었다.

이 책은 1500년이 넘는 독도의 역사를 다루고 있다. 다만 그 시작을 19세기 말로 삼았다. 당시 우리나라는 대한제국을 선포했는데 러일전쟁이 일어나면서 일제강점기로 접어드는 어려운 시기였다. 그때 잠시나마 독도가 일본에 강제로 편입되었다.

러시아의 세력이 커지는 걸 막으려는 일본은 먼저 한반도의 국권을 침탈하려 했다. 그 정책 중 하나가 바로 독도를 강제로 일본 영토로 만드는 것이었다. 이 책은 나라를 잃은 우리 민족의 독립운동 과정과 광복 후 독도의 주권을 회복시키기까지의 치열한 몸부림을 상세히 담았다. 독도 영유권은 단순히 전쟁 결과로 결정된 것이 아니다. 독도가 다시 한국 땅이 되기까지는 우리나라뿐 아니라 미국, 일본, 영국, 호주 등이 벌였던 맹렬한 공방전이라는 배경이 존재한다.

그 배경을 자세히 살펴보면 1965년 한일기본조약과 한일협정을 맺는 과정에서 일본이 독도를 포기할 수밖에 없었던 역사적 사실을 증명하는 풍부한 자료를 확인할 수 있다. 그렇다면 사실상 독도가 한국 땅임을 인정했던 일본이 갑자기 독도가 자기네 땅이라고 우기기 시작한 이유는 무엇일까? 1994년 UN에서 제정한 신해양법 때문이라 하겠다. 그 후 현재까지 한국과 일본은 독도를 둘러싸고 또 다시 공방전을 벌이고 있다. 이 책은 이들 이야기와 더불어 한국이 착실하게 독도의 주권을 지켜온 현대사를 쉽게 설명한다.

이제 일본은 20세기 초반에 독도를 강제로 취한 것이 아니라 원래부터 독도가 일본 땅이었다고 주장하기에 이르렀다. 하지만《독도, 1500년의 역사》에 실린 다양한 자료는 독도가 원래부터 한국 땅이었음을 증명한다. 그동안 알려진 1500년의 독도 역사뿐 아니라 지금껏 알려지지 않은 사실까지 최초로 공개하며 독도가 왜 우리 땅인지를 알리고자 한다.

더불어 한국과 일본에서 뜨거운 감자가 된 독도 문제를 해결할 방법도 알아본다. 사법적 방법, 중재, 조성, 합의 등 여러 방법의 특징과 한계에 관해 논의할 것이다. 또한 지정학적 관점으로 독도 문제를 바라보는 새로운 방식을 설명하려 한다. 한반도는 대륙세력과 해양세력 사이에 끼인 국가다. 때문에 역사적으로 두 세력의 거대한 싸움의 희생양이 되었고 그 결과 독도가 가장 먼저 일본에 불법으로 편입된 것이다.

독자들은《독도, 1500년의 역사》한 권으로 독도의 과거, 현재, 미래를 알수 있다. 그리고 빼앗긴 주권을 다시 찾은 독립운동의 의미를 새롭게 깨달을 것이다. 이 책이 독도를 사랑하고 한국의 과거, 현재, 미래를 생각하는 모든 독자들에게 하나의 이정표가 되기를 기대해 본다.

호사카 유지

차례

머리글 독도, 찬란한 1500년의 역사 • 4

:1장:
독도를 둘러싼 역사

01 대한제국 선포와 근대화 • 11

02 러일전쟁과 독도 • 17

03 일제강점기와 독도 • 31

04 일본의 항복과 독도 • 43

:2장:
독도를 둘러싼 갈등

01 독도와 평화선에 대한 인식 변화 • 77

02 한일회담과 독도 • 91

03 한국과 일본의 영토 문제 • 119

: 3장 :
독도는 왜 한국 땅인가

01 한국 문헌이 말하는 독도 • 135

02 일본 문헌이 말하는 독도 • 151

03 안용복 사건과 울릉도 분쟁 • 158

04 일본 역사가 증명하는 우리 땅 독도 • 177

05 대한민국 역사가 증명하는 우리 땅 독도 • 216

: 4장 :
영토 문제를 움직이는 역사의 힘

01 지리적·정치적으로 접근한 독도 • 235

02 아시아의 또 다른 영토 문제 • 249

03 독도 문제 해법 • 256

참고문헌 및 자료 • 265

일러두기 ————

- 이 책의 표기는 한국식 표기를 따르는 것을 원칙으로 하였으나, 일본 지역 및 일본 고유 명사에 관해서는 일본식 표기를 따랐습니다.

- '독도'가 올바른 표기이나, 일본은 독도를 '다케시마'라고 지칭하므로 일본의 태도 및 입장을 설명할 때는 일본식 지칭에 따라 표기하였습니다.

- 이 책은 초판 7쇄까지 '1951년 4월에 미국이 독도를 일본 영토로 기록한 초안을 발표했다'라는 취지의 문장이 있었습니다. 이는 인용문의 명확하지 않은 표현에 의한 오류로 독자 여러분께 사과드립니다. 2018년 8월 초판 8쇄 제작 시 수정하였음을 보고드립니다.

1장

독도를 둘러싼 역사

종전 후 카이로 선언에 따라 우리 고유 영토인 독도는

대한민국의 영유권에 속하게 되었다.

이후 우리는 현재까지 독도를 실효적으로 점유하고 있다.

이러한 사실에 비추어 볼 때 독도에 대한

역사적, 지리적, 국제법적으로 확립된 우리의 영유권은

현재에 이르기까지 중단 없이 이어지고 있다.

01

대한제국 선포와
근대화

조선에서 대한제국으로

1897년 10월 12일 고종은 왕을 상징하는 붉은 곤룡포를 벗고 중국 황제만이 입는다는 황금색 곤룡포를 입었다. 그리고 조선의 국명을 '대한제국'이라 칭한다고 선포했다. 스스로를 황제라 칭하며 즉위한 것이다. 그동안 중국을 황제의 나라로 받들어온 조선으로서는 매우 획기적인 사건이었다. 곧이어 미국과 영국, 일본, 러시아가 대한제국을 인정했다. 황제의 나라인 청나라마저 조선에 대한 지배권을 모두 내려놓으며 대한제국을 받아들였다.

사진 1 붉은색 왕의 옷을 입은 고종과 황제가 되어 황금색 옷을 입은 고종

    그렇다면 일본은 대한제국을 어떻게 생각했을까? 조선의 지배권을 놓고 벌인 청일전쟁(1894~1895)에서 승리한 일본으로서는 조선을 중국 대륙에서 떼어내고 싶어 했다. 일본이 대륙으로 진출하려면 한반도를 거칠 수밖에 없는데, 이때 조선이 일본 편에 서야 했기 때문이다. 1876년 일본이 군사력을 동원해 강제로 체결한 '강화도조약'의 제1조는 "조선은 자주국이며 일본과 평등한 권리를 가진다"라고 말한다. 하지만 이는 조선이 일본과 조약을 맺음으로써 청나라의 지배에서 벗어났다는 의도를 담은 것이다.

    일본의 한반도 전략은 21세기가 된 지금도 변함없다. 해양세력인 일본이 대륙으로 진출하기 위해서는 연안 국가인 한국을 거쳐야만 하므로 절실히 필요한 지역인 것이다.

러시아의 예사롭지 않은 행동

러시아는 대한제국 성립을 앞둔 1897년 9월 주한 러시아 공사를 교체하며 본격적으로 대한제국 침략 정책을 세웠다. 먼저 얼지 않는 부동항이자 군항을 설치하려 부산 절영도(현재의 영도)의 석탄고기지 조차租借(특별한 합의에 따라 한 나라가 다른 나라 영토의 일부를 빌려 일정 기간 통치하는 일)를 요구했다. 그리고 대한제국 황실의 호위를 담당하는 시위대를 러시아식으로 편성하고 훈련시켜 러시아군 지배하에 두려 했다. 이를 위해 약 1,300명의 러시아군을 서울에 주둔시킬 계획을 세웠다. 여기에 러시아의 재무 관리를 대한제국 재정 고문으로 임명하고 1897년 12월 한러은행을 창설해 재정까지 장악하려 했다.

예사롭지 않은 분위기를 감지한 서재필은 자신이 창립한 독립협회를 통해 러시아로부터 대한제국의 독립을 지킬 활동을 본격화했다. 〈독립신문〉이 러시아의 침략 정책에 관한 비판 기사를 쏟아냈고, 1899년에는 국민의 힘으로 러시아를 물리치고 자주독립을 이룩하자는 만민공동회를 개최했다. 독립협회와 별개로 시민

사진 2 서재필이 창간한 〈독립신문〉

들도 직접 독립을 이루기 위한 집회를 열어 러시아에 규탄의 목소리를 높였다.

덕분에 대한제국 정부는 러시아의 재정 고문과 군사 교관을 해고하고, 한러은행도 철폐했다. 부동항을 설치하려던 러시아의 계획은 좌절되었다. 그들은 청나라 랴오둥반도에 부동항을 건설하는 것으로 계획을 수정했다. 그러나 이는 후에 러일전쟁의 원인이 되었다.

러시아가 한반도와 일본을 필요로 한 이유는 일본과 같다. 태평양으로 세력을 넓히기 위한 것이다. 이처럼 해양으로 진출하려는 대륙세력과 그것을 막으려는 해양세력의 대립 사이에 한국이 존재했다. 이로 인해 19세기 이후의 한국은 큰 희생을 감수해야 했다.

모든 것이 수포로 돌아가다

독립협회는 친러 수구파 정부를 몰아낸 뒤 박정양과 민영환을 중심으로 개혁파 정부를 세우는 데 성공했다. 독립협회는 새로운 정부와 의회 설립을 추진해 우리나라 역사상 최초의 의회 설립법인 '중추원신관제'를 공포했다. 입헌군주국가인 대한제국이 의회민주주의를 실현할 길이 열린 것이다.

그러나 다른 쪽에서 음모가 도사리고 있었다. 설 자리가 없어진 친러 수구파는 신정부가 입헌대의군주제로 개혁하려는 것이 아니라, 박정양과 윤치호를 각각 대통령과 부대통령으로 내세우려 한다는 내용의 전단을 뿌렸다. 왕이 국가의 주권을 가진 군주국에서 국민이 주권을 갖는 공화국으로 바뀐다는 내용이었다.

소문을 들은 고종은 자신이 폐위될 것이라는 모략에 놀라 독립협회 간부들을 기습적으로 체포하고 독립협회 해산령을 내렸다. 동시에 개혁파 정부를 붕괴시켰다. 곧이어 친러 수구파 정부가 탄생했고 이들은 의회 설립을 취소했다. 생각지 못한 모략은 을사늑약이라는 결과를 가져왔다. 당시 의회가 존재했다면 정부 차원에서 승인한 조약일지라도 의회의 승인 거부로 성립되지 않았을 것이다. 외세의 침략을 막을 수 있는 의회 설립은 이렇게 무산되고 말았다.

일본과 러시아는 이 상황을 지켜보기만 했다. 일본은 명성황후 시해 사건으로 조선의 민심을 잃었고, 러시아는 대한제국 내정에 간섭하지 않겠다는 '니시-로젠 협정'을 맺었기 때문이다. 그러므로 양국이 간섭하지 않는 이 시기에 대한제국은 스스로 국가의 미래를 위한 토대를 구축해야 했다.

친러 수구파에 의해 의회 설립이 무산되기 전 의회는 개혁 원칙인 '헌의 6조'를 결의했다. 일본인에게 무작정 의지하지 말 것, 외국과의 이권계약을 대신大臣이 단독으로 하지 말 것, 재정을 공정히 하고 예산을 공표할 것, 중대 범인의 공판과 언론·집회의 자유를 보장할 것 등 외교 원칙과 국정개혁에 관한 내용이다. 대한제국의 근대화는 코앞까지 와 있었다.

그러나 이제 모든 것이 수포가 되었다. 친러 수구파와 독립협회의 대립은 폭력으로 이어졌다. 이에 고종은 두 협회의 해산을 명령했다. 결국 이 사건으로 근대화로 가는 길이 막혀버렸다.

02

러일전쟁과
독도

러시아와 일본 사이에 낀 대한제국

1904년 일본은 러일전쟁을 도발했다. 계기는 러시아, 독일, 프랑스 3국에 의한 삼국간섭 사건이었다. 이는 1895년 3국이 러시아의 주도로 일본에 영토 반환을 요구한 사건이나. 청일전쟁의 승리로 일본이 쟁취한 랴오둥반도를 청나라에 반환하라는 것이다. 명분은 '랴오둥반도에서 북경이 가까워 청나라에 위협적이며, 조선의 독립이 위태롭다'라는 데 있었다.

간섭에 못 이긴 일본은 랴오둥반도를 반환했다. 그런데 얼마 후 러시아가 반도의 일부를 청나라로부터 빌렸고, 독일과 프랑스

그림 1 랴오둥반도

도 청나라에서 이권을 얻었다. 결국 삼국간섭은 유럽 3국이 일본의 확장을 억제하려는 시도였던 셈이다.

군사력이 약해 이런 수모를 당했다고 생각한 일본은 청나라에서 받은 전쟁 배상금 3억 엔을 모두 군비 확장에 투입했다. 지금의 가치로 계산하면 30조 원 정도다.

한편 러시아는 1898년 청나라와 밀약을 맺었다. 이 밀약으로 러시아는 랴오둥반도 남단에 있는 뤼순과 다롄을 청나라로부터 빌려 통치하고, 뤼순에 러시아 태평양함대 기지를 건설하는 등 만주 진출을 가속화했다. 1899년에는 부산을 부동항으로 만들려는 계획이 좌절되자 뤼순에 부동항을 건축하는 계획을 밀어붙였다. 소식을 들은 일본이 격노했다.

일본은 러시아와 청나라의 행동이 국제적 신의를 어긴 것이라 여겼다. 이때부터 러시아를 적국으로 간주하기 시작했다. 특히

청나라의 동청철도와 러시아의 시베리아철도가 연결되면 한반도
에 대한 러시아의 영향력이 강화될 것이었다. 그다음에 러시아는
일본을 노릴 것이 뻔했다. 일본 내에서 러시아와의 전쟁을 두고
격렬한 논쟁이 벌어졌다.

그러는 사이 1900년 청나라에서 그리스도교 세력에 반대하는
의화단의 난이 일어났다. 청나라 왕조는 의화단 편을 들어 일본
을 포함한 연합국 8개국과 전쟁을 치렀지만 패하고 말았다. 그 결
과 열강에 의한 청나라 분할이 가속화되었다. 이때 러시아는 의화
단의 난을 진압하려 출병해 전쟁이 끝난 후에도 동청철도를 보호
한다는 명목으로 만주를 계속 점령했다.

이에 미국과 영국, 일본이 러시아에 만주로부터 철수할 것을

그림 2 동청철도와
시베리아철도

요구했으나 쉽게 응하지 않았다. 1902년 일본과 영국은 러시아의 남하에 반대하는 영일동맹을 체결했다. 러시아의 만주 점령을 우려하는 미국과 영국은 해양국가인 일본을 앞세워 대륙국가인 러시아의 세력 확장을 막으려 한 것이다. 일본과 러시아가 전투태세를 갖춘 결과는 그사이에 끼인 연안국가인 대한제국의 희생으로 연결되었다. 열강이 숨 막히는 권력 다툼을 벌이는 상황에서 대한제국은 내부 대립만 거듭했다. 19세기에 본격화된 해양세력과 대륙세력의 파워게임은 안타깝게도 지금까지 계속되고 있다.

1903년 러시아와 일본은 만주와 한반도의 지배권을 놓고 교섭을 시작했다. 일본은 자국이 한반도를, 러시아가 만주를 지배하는 '한만교환론'을 제안했다. 이에 러시아는 북위 39도선 이북의 한반도를 군사 중립지대로 할 것을 요구했다. 이때부터 우리나라는 해양세력과 대륙세력의 완충지대로 이용당하기 시작했다.

러일교섭으로 한반도에 전쟁 위험이 감돌자 고종황제는 대한제국의 중립을 선언했다. 하지만 열강은 그때나 지금이나 한반도의 중립을 원하지 않았다. 한반도를 자신에게 유리하게 이용하려고 할 뿐이었다. 일본과 러시아에 이어 미국과 영국도 가세하면서 만주와 한반도를 놓고 협상을 벌였다.

일본의 진짜 속마음과 독도

협상이 결렬되자 1904년 2월 6일 일본은 러시아에 국교 단절을 통보하고 전쟁에 돌입했다. 이미 준비를 마친 일본은 며칠 뒤 뤼순의 러시아군을 기습 공격했다.

전쟁의 불똥은 대한제국에 떨어졌다. 뤼순으로 향하던 일본군 일부가 서울로 진격해 왕궁을 제압한 것이다. 일본은 고종을 협박해 '한일의정서' 체결을 강요했다. "대일본제국 정부는 대한제국의 독립 및 영토 보전을 확실히 보증할 것"이라는 제3조의 내용을 근거로 한 것이었다. 그러나 허울뿐인 약속이었다. 일본은 러시아와 같은 대륙세력을 막기 위해서는 한반도를 지배해야 한다고 생각했다.

일본의 속내는 '한일의정서' 제4조에서 확인할 수 있다.

제3국의 침해나 내란으로 인하여 대한제국 황실의 안녕과 영토 보전에 위험이 있을 경우 대일본제국 정부는 속히 임기응변의 필요한 조치를 행할 것이며, 대한제국 정부는 대일본제국 정부의 행동이 용이하도록 충분히 편의를 제공할 것. 대일본제국 정부는 전항의 목적을 성취하기 위하여 군략상 필요한 지점을 임기 수용할 수 있다.

한반도를 일본의 보호국으로 만든다는 명목하에 대한제국을 마음대로 점령하겠다는 내용이다. 이 조문은 일본이 1905년 독도에 망루나 해저케이블을 설치할 수 있는 근거가 되었다.

제5조의 내용도 눈여겨볼 필요가 있다.

대한제국 정부와 대일본제국 정부는 상호 승인을 거치지 않고서는 본 협정의 취지에 위반하는 협약을 제3국과 체결할 수 없다.

이 조항으로 사실상 한국은 일본의 허락 없이 제3국과 어떤 협약이나 조약 등을 맺을 수 없게 되었다. 을사늑약보다 1년 일찍 체결한 한일의정서에도 한국의 외교권을 제한하는 조항이 있었다. 일본은 러일전쟁과 한일의정서 체결로 한국을 침략하기 시작했고, 우리나라는 정상적인 외교 활동을 못 하게 되었다.

일본이 러일전쟁을 감행한 것은 러시아의 남하를 막고 대한제국을 지배하기 위함이었다. 일본은 즉각 한성(서울)에 군사를 배치하기 시작했다. 그리고 '한일 친선대사'라는 직책을 단 이토 히로부미가 방한했다. 물론 한국을 통치할 목적이었다.

일본은 1904년 8월 22일 제1차 한일협약을 맺기 전 대한제국과 러시아가 맺은 모든 협약을 강제로 폐기했다. 협약 제3조에는 "대한제국 정부는 외국과 조약 체결, 기타 중요한 외교 안건, 즉 외국인에 대한 특권 양도 혹은 계약 등의 처리에 관해 미리 일본 정부와 협의해야 한다"라는 내용이 있다.

협약이 체결된 시기는 러일전쟁 중이었으나 한반도에서의 전투가 끝나 대한제국은 사실상 일본에 점령당했다. 외국에 일본의 침략을 호소할 수 없는 조항으로 법적 노예 상태에 놓인 것이다.

러일전쟁 중 발생한 또 다른 사건은 일본의 독도 편입이다. 일본은 왜 독도를 일본 영토로 편입하려 했을까? 가장 큰 이유는 러일전쟁에 이용하기 위해서였다. 특히 동해에 나타날 러시아의 발틱 함대를 감시하기 위해 독도에 망루를 세우려 했다. 또한 독도에 해저케이블을 설치해 동해의 전투 상황을 일본과 한국에 알릴 전화선을 연결할 생각이었다.

마침 1903년부터 독도에서 강치잡이를 해온 일본인이 있었다. 조선과 일본 사이에 체결된 어업협정인 '조일통어장정朝日通漁章程'으로 울릉도와 독도에 어패류를 잡으러 간 일본인들이 증가한 것이다. 그들 중 일본에서 독도와 가장 가까운 영토인 오키섬에 사는 어부 나카이 요자부로는 감시가 허술한 틈을 타 울릉도를 거치지 않고 오키섬에서 바로 독도로 가서 강치를 잡았다. 그는 강치잡이를 독점할 생각으로 한국이 자신에게 단독으로 독도를 빌려줄 것을 요청해 달라고 일본 정부에 부탁했다. 1904년 9월의 일이었다.

자신의 요청이 이루어지지 않자 나카이는 지인을 통해 마키 보쿠신이라는 농상무성의 수산국장을 소개받았다. 나카이의 말을 들은 마키 수산국장은 우선 독도의 소속을 확인해야 한다고 대답했다. 그리고 해군성 수로부장인 기모쓰케 가네유키를 소개했다. 나카이의 제안을 들은 기모쓰케는 아예 독도를 일본 영토로 편입하려는 욕심을 갖게 되었다.

사실 기모쓰케는 수로부에서 발행한 《수로지》를 통해 독도가 한국 땅임을 이미 알고 있었다. 그 증거는 그가 자신의 이름을 걸고 1896년 4월 15일 발행한 항해용 지도인 〈조선전도〉에 독도를 명확히 한국 땅으로 기재한 것에서 확인할 수 있다. 그러나 기모쓰케는 나카이에게 독도를 무주지, 즉 주인이 없는 땅이라고 하며 독도를 일본에 편입해 달라는 요청서를 정부에 올릴 것을 제안했다. 아마도 해군성에 근무하는 그는 러일전쟁 중인 상황에서 독도를 전쟁에 이용할 생각이었던 것으로 보인다.

나카이는 먼저 일본 내무성에 '란코도 영토 편입 및 대하원(이용 청원)'을 냈다. 란코도는 독도의 일본식 명칭으로, 1849년 프랑스 선박 리앙쿠르호가 독도를 발견했다는 의미에서 붙인 '리앙쿠르 락스(바위섬)'를 일본식으로 줄인 것이다. 그런데 내무성 당국자는 이 청원을 거절했다.

"시국이 시국이니만큼(러일전쟁 중) 한국 영토일지도 모르는 일개 황폐한 불모의 암초를 취해 주위에서 지켜보는 여러 나라로부터 우리나라(일본)가 한국을 병합하려는 야심이 있다는 의심만 살 뿐이므로, 이익이 매우 적은 것에 반해 결코 쉬운 일이 아니다."

내무성 당국자는 독도가 한국 영토이며 편입할 가치가 없는 작은 섬인 데다가, 편입하면 오히려 일본이 외교적으로 불리해진다는 말로 청원을 거절한 것이다.

일본, 남몰래 독도를 훔치다

독도를 독점하고 싶은 나카이는 내무성에서 거절당하자 외무성으로 달려갔다. 그런데 외무성의 야마자 엔지로 정무국장은 전혀 다른 대답을 했다.

"시국이 시국인 만큼 영토 편입은 필요한 일이다. 게다가 망루를 건축해서 무선이나 해저전선을 설치하면 적함을 감시하기에 매우 좋지 않겠는가."

야마자는 신속히 외무성에 청원서를 제출하라며 나카이를 격려했다.

이런 경위로 일본 외무성은 독도를 시마네현 오키섬으로 편입했다. 다만 내무성이 우려했던 점을 고려해 한국이나 서양 열강

모르게 비밀리에 독도 편입을 진행했다. 1905년 1월 28일 일본 내각 각료회의(국무회의)는 독도를 주인 없는 땅으로 규정하고 울릉도의 일본 명칭이던 '다케시마竹島(죽도)'를 독도에 붙여 시마네현 오키섬에 편입하기로 결정했다. 영토 취득 사실은 원래 국가 관보에 실어야 할 만큼 중요한 사항이지만 일본은 시마네현의 현보에 「시마네현 고시 제40호」를 작게 실었을 뿐이었다. 때문에 일본인조차 그 사실을 거의 몰랐다.

편입 후인 1905년 6월 일본은 한국과 울릉도, 독도와 오키섬을 잇는 해저케이블을 각각 설치했다. 또한 울릉도와 독도 사이에도

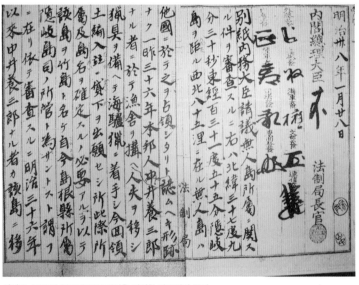

사진 3 1905년 일본의 독도 편입을 결정한 각료회의 문서

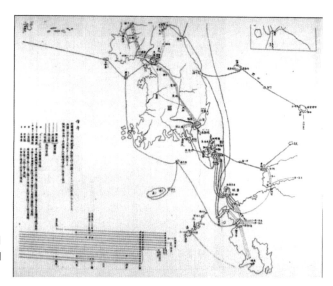

사진 4 울릉도-독도-오키
섬 등지에 설치한 해저케이
블 설계도

해저케이블을 설치할 계획을 세웠다. 독도를 편입한 가장 큰 목
적인 망루도 완성해 감시를 시작했으나, 이때는 동해의 해상 전
쟁이 끝난 뒤라 많이 사용하지 않은 것으로 추정된다. 독도에 해
저케이블과 망루를 설치한 일본 문서가 남아 있어 당시의 상황을
구체적으로 알 수 있다.

문서가 공개됐을 때 일본은 해저케이블을 설치하고 망루를 세
우는 대대적인 공사에도 한국이 전혀 항의하지 않았으며, 이는
한국이 일본의 독도 편입을 사실상 승인한 것이라고 주장하기도
했다.

한국은 정말로 독도를 포기했기 때문에 항의하지 않았던 것

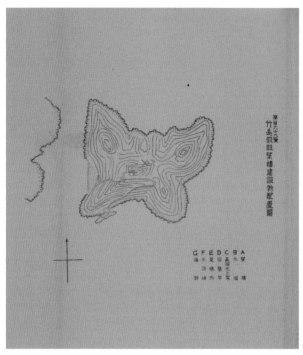

사진 5 1905년 8월 독도 동도
에 설치한 망루 설계도

일까?

그렇지 않다. 한국은 일본이 독도를 편입한 사실조차 몰랐다. 한국 정부는 1906년 3월 처음으로 일본의 독도 편입을 알게 되었고 '독도는 한국 영토'라고 분명히 표현했다. 그렇다면 이후 해저 케이블을 설치하고 망루를 세울 때는 왜 항의하지 않았을까?

답은 이미 밝혔다. 1904년 일본과 한국이 맺은 '한일의정서' 제4조 때문이다. "대일본제국 정부는 … 군략상 필요한 지점을 임기 수용할 수 있다"라고 명기되어 있다. 그러므로 일본이 러일전쟁을 구실로 내세워 휘두른 모든 침략 행위에 항의하고 싶어도 할 수 없는 상황이었다. 즉 한국은 일본이 독도를 마음대로 사용해도 조약상 어쩔 수 없었다. 이렇듯 일본의 침략은 법을 앞장세워 진행되었다.

일본 편을 든 미국과 영국

서양 열강의 눈치를 보던 일본은 독도 편입과 한국 침략에 관한 항의를 받지 않도록 외교에 주력했다. 우선 미국, 영국과 비밀 조약을 체결했다. 바로 1905년 7월 미국과 일본이 비밀리에 맺은 '가쓰라-태프트 밀약'이다.

이 밀약은 일본이 미국의 필리핀 지배를 인정하는 대신 미국이 일본의 한국 지배를 승인하는 것이다. 영일동맹의 입장에서 영국도 동의했다. 대륙세력인 러시아가 태평양까지 진출하는 것을 막으려 미국과 영국이 해양세력인 일본을 자신의 편으로 끌어들인 것이다. 이들 사이에 낀 한국은 자동으로 희생양이 되고 말았다. 당시 미국과 영국은 일본을 통해 한반도를 해양세력화 시키려고 했다. 이는 일본의 한반도 강제 점령으로 이어졌다.

한국은 세계 유일한 분단국가다. 흔히 남북 분단을 공산주의와 자유주의의 마지막 대결이라고 말한다. 그러나 다른 측면으로는 대륙세력과 해양세력이 연안국가인 한국을 남북으로 분단해 38도선에서 균형을 맞춘 상태로 볼 수 있다. 우리는 한반도의 역사적 상황과 현재 상황을 올바로 인식하고, 그 위에서 독도를 둘러싼 영토 문제를 생각해야 한다.

03

일제강점기와
독도

일본, 대한제국을 협박하다

1905년 5월 러시아의 발틱 함대가 일본과의 해상 전투에서 패했다. 발틱 함대가 마지막으로 패배한 장소는 독도 앞바다였다. 이 해전은 일본인에게 '다케시마'라는 섬의 이름을 처음으로 알리는 계기가 되었다. 그러나 '다케시마'가 3개월 전에 이미 시마네현 오키섬으로 편입된 사실을 아는 사람은 거의 없었다.

러시아의 패전에 시어도어 루스벨트 미국 대통령은 러일 양국에 전쟁 종료를 정식으로 제의했다. 이에 미국 포츠머스에서 러일전쟁 강화 회담이 시작되었다. 아직 전쟁을 계속할 수 있다고

사진 6 포츠머스 회담

주장하는 러시아는 배상금 지급을 거부했다. 그러나 전쟁을 계속하기에는 국내 사정이 좋지 않았다. 일본은 전쟁에 이기고 있었지만 전쟁을 계속할 힘이 남아 있지 않았다. 미국은 일본의 판정승으로 러일전쟁을 수습할 방침을 세웠다.

1905년 9월 4일 마침내 러일전쟁 강화조약인 포츠머스 조약이 성립되었다. 러시아는 일본에 배상금을 지급하는 대신 사할린 남부의 절반을 넘겨주고, 대한제국에서 완전히 철수하는 데 동의했다. 한국에 대한 일본의 행위에 일절 간섭하지 않겠다고 약속한 것이다.

포츠머스 조약 제2조의 내용은 다음과 같다.

(1) 러시아는 일본이 한국에 있어서 탁월한 이익을 가지는 것을 인정한다.

(2) 러시아는 일본 정부가 한국에 어떤 지도, 보호 등의 조치를 취해도 그것에 간섭하지 않는다.

영국과 미국에 이어 러시아도 한반도에 대한 일본의 권리를 인정했다. 청나라는 이미 청일전쟁의 패배로 한국에 대한 발언권을 상실한 상태였다.

일본은 한국 침략에 대한 미국, 영국, 러시아, 청나라 등의 항의와 간섭을 막는 데 성공했다. 한국 지배를 방해하던 장애물이 모두 사라진 것이다. 그러나 러시아로부터 배상금을 받지 못한 탓에 전쟁에서 희생된 유가족을 중심으로 폭동이 일어났다. 그들에겐 배상금을 대신할 전리품이 필요했다.

일본은 포츠머스 조약이 의회에서 승인되자마자 한국에 '을사늑약'을 강요했다. 이토 히로부미가 선두에 섰다. 그는 고종을 만나 일본이 한국의 위임을 받아 외교권을 행사할 것을 통보했다. 일왕과 일본 제국의회의 결정임을 강조한 것이다. 고종이 받아들이지 않자 일본군은 덕수궁을 포위한 채 고종을 위협했다. 이때 일본군을 지휘한 것은 하세가와 요시미치로 후에 제2대 조선총독이 된 인물이다. 이에 분노한 고종은 이토와의 면담을 거부했다.

고종을 만날 수 없자 이토는 8명의 대신을 협박하기 시작했다. 먼저 4명이 태도 보류라는 명목으로 이토의 협박에 넘어갔다. 그러자 곧바로 외부대신 박제순을 협박해 억지로 찬성한다는 의견을 얻었다. 고종이 없는 회의에서 부족하나마 일본과의 조약에 도장을 찍을 수 있는 사람은 외부대신 박제순밖에 없었기 때문이다.

이렇게 구성된 을사오적을 앞세워 을사늑약이 체결되었다.

사실 을사늑약은 고종의 옥새가 날인되지 않았기 때문에 원천적으로 무효 조약이다. 하지만 일본은 강압적으로 체결을 강요했다. 이로써 대한제국은 끝내 외교권을 박탈당하고 말았다. 을사늑약 제2조에 이와 관련한 내용이 있다.

을사늑약 제2조(외교권 박탈)

한국 정부는 일본 정부의 중개 없이 어떤 국제적 조약·약속도 체결하지 않는다.

일본 정부는 한국과 타국 사이에 체결된 조약을 시행·수행하는 임무가 있다.

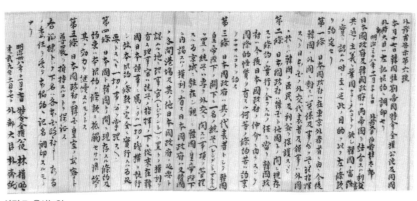

사진 7 을사늑약

을사늑약이 강제로 맺어진 뒤 의정부에 많은 상소문이 올라왔다. 특히 을사오적 중 한 사람인 권중현의 상소문이 눈에 띄었다. 그는 자신의 태도를 반성하기보다 을사늑약이 정해진 절차를 밟지 않았고, 황제의 재가를 거치지 않았음을 지적하며 무효임을 주장했다. 이후에는 을사오적이 고종을 찾아가 변명을 늘어놓았다. 자신의 책임을 고종에게 전가하기 위해서였다.

　이완용은 고종이 자신에게 일본과의 협상을 맡겼다며 다음과 같이 주장했다.

　"과연 11월 15일 두 번째로 폐하를 만나본 뒤에 심상치 않은 문제를 제출하니 폐하께서는 즉시 윤허하지 않으시고 의정부에 맡기셨습니다."

　그리고 대한제국이 전제정치(국가 권력을 개인이 장악하여 민의나 법률에 제약을 받지 않고 실시하는 정치)를 한다는 일본 공사의 말을 인용해 결국 고종 자신이 결단한 것과 같다고 주장했다.

　"일본 공사가 언성을 높여 말하기를 '귀국貴國은 전제정치인데 어찌하여 입헌정치의 규례를 모방하여 대중의 의견을 수렴합니까? 나는 대황제의 왕권이 무한하여 응당 한마디 말로써 직접 결정하는 것이지 이리저리 모면하려는 법을 쓸 필요가 없다는 것을 알고 있습니다."

　그리고 이 조약에 반대한 나머지 세 명도 책임이 있으므로 자신들만이 역적이 되지 않도록 해달라고 했다. 끝까지 자신들만의 죄가 아니라고 강력하게 변명한 것이다.

이에 「오병서 등 상소문」이 올라왔다. 그들은 을사오적의 주장을 강력히 비판하며 사형에 처해야 한다고 주장했다.

"모든 사람이 한목소리로 박제순, 이지용, 이근택, 이완용, 권중현인 오적을 죽여야 한다고 말하며 성토하는 상소를 연명聯名(두 사람 이상의 이름을 한곳에 죽 잇따라 씀)으로 계속 올리고, 충성스럽고 절의 있는 많은 선비들은 자살까지 함으로써 노복이 될 수 없다는 뜻을 보였으니 저 무리는 마땅히 사형에 처해야 함은 변론할 필요도 없이 알 수 있습니다."

오병서는 또한 오적이 고종황제의 말을 왜곡해 마치 모든 책임이 고종에게 있듯이 말한다고 비판했다.

"성상께서 '감정을 가지지 않게 해야 할 것이다'라고 한 하교(임금의 명령)를 끌어대고, 또 '어구를 변통하는 것은 방법이 있을 것이다'라고 한 하교를 끌어대며, 또 '잘 처리하라'고 한 하교까지 끌어대어, 이것을 가지고 허락하려는 것이 성상의 뜻이었다고 하면서 저 무리들이 조약을 제멋대로 체결한 죄를 모면하려고 기도하였습니다. 더구나 한규설이 외국 대사를 만나 대답하면서 협상하여 잘 처리하라고 하교하였다고 운운한 말로 살펴보면, 이른바 비밀리에 받든 칙지란 '협상하여 잘 처리하라協商妥辦'는 네 글자에 지나지 않습니다. 이 뜻은 일의 원칙에 맞게 협상해서 결과가 좋게 잘 처리하라는 것인데, 저 무리가 어떻게 감히 이런 식으로 말꼬리를 잡아 성상께 과오를 돌린단 말입니까?"

고종은 이 상소문에 '당신들의 말은 상세하고 분명하여 조리가 있다'고 긍정하는 답장을 보내 이완용 등의 상소가 잘못된 내용임을 보여주었다.

일본, 독도 편입을 알리다

일본은 을사늑약을 강제 체결시킨 후 서울(당시의 한성)에 통감부를 설치했다. 이토 히로부미는 일본군으로 조직한 한국주답군의 지휘권을 장악했다. 통감부 설치로 이제 한국이 일본의 지배를 받게 되었으니 독도 편입 사실을 숨길 필요가 없어졌다.

1905년 2월 시마네현 오키섬에 독도가 편입된 이후 비밀을 지키려고 움직이지 않았던 시마네현 관리들이 1906년 3월 처음으로 독도를 시찰했다. 그리고 곧바로 울릉도에 들렀다. 독도가 편입된 사실을 울릉도 군수에게 알리려는 의도적인 행동이었다. 그들은 울릉도 군수 심흥택에게 독도가 다케시마라는 이름으로 일본 영토가 되었다고 말했다. 심흥택은 바로 강원도 춘천 군수인 이명래에게 보고서를 올렸다. 심흥택은 보고서에 '본군 소속 독도'라는 표현으로 독도가 울도(당시의 울릉도)군 소속의 섬이라는 것을 분명히 밝혔다. 독도가 한국 영토임을 알린 이 보고서는 우리나라의 공문서로는 처음 '독도'라는 명칭을 적은 역사적 문서이다.

심흥택은 "일본 관인 일행이 독도가 일본 영토가 되었다고 시찰 차 와서 말했다"라는 내용도 정확히 적어 놓았다. 보고서를 받은 춘천 군수 이명래는 의정부에 보고서를 그대로 올렸다.

이에 참정대신(국무총리) 박제순이 '지령 제3호'를 내렸다. "독도가 일본 영토가 되었다는 이야기는 전적으로 사실무근", "앞으로 일본인의 행동을 주시하여 보고해라"라는 내용이었다. 울도군과 한국 의정부가 독도가 한국 영토임을 확인한 것이다. 이토 히로부미의 강요에 못 이겨 마지막에 을사오적이 된 박제순은 그때의 억울한 심정을 '독도가 한국 영토'라고 주장함으로써 풀려고 했는지도 모른다.

결국 대한제국 내부에서는 독도가 한국 영토임을 확인했다. 그러나 을사늑약으로 인해 일본에 직접 항의하지는 못했다. 당시는 고종이 비밀리에 밀사 활동을 전개하는 상황이었으므로 일본에 직접 항의할 수 있는 사람이 없었다. 그만큼 군사적으로도 제압당하고 있었다. 그러나 고종은 후에 헤이그 평화회의에 특사를 보내 아무리 작은 땅이라도 한국의 주권을 외국에 넘겨주지는 않

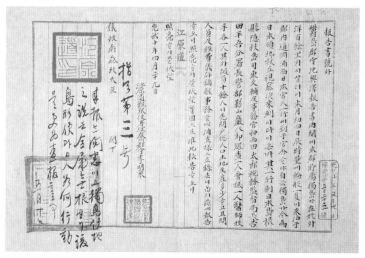

사진 8 울도 군수 심흥택이 올린 보고서와 지령 제3호

았다고 주장했다.

하루아침에 오랑캐의 땅이 되려 하니

시마네현 관인이 독도를 시찰한 지 1년 후인 1907년 3월 이준, 이상설, 이위종 등은 고종의 밀서를 갖고 네덜란드 헤이그에 도착했다. 만국평화회의에 출석해 을사늑약 체결이 일본의 강압으로 이루어졌음을 만국에 알리고 조약을 파기하기 위해서였다. 그러나 회의 참가국은 이미 일본의 보호국이 된 한국의 의견을 받아들이지 않았다. 이들은 회의장 밖에서 고종의 밀서를 낭

독했다. 내용은 다음과 같다.

일, 황제는 을사조약을 인정하지 않았고 국새도 찍지 않았다.

일, 황제는 이 조약을 일본이 멋대로 반포하는 데 반대했다.

일, 황제는 독립제권獨立帝權을 한 푼이라도 타국에 넘겨주지 않았다.

일, 외교권에 관한 조약은 강제에 의한 것이고, 내정에 관한 것도 일제

인정하지 않았다. 황제는 통감의 한국 주재를 허락하지 않았고 황제의

권리를 외국인이 행사하는 것을 허락하지 않았다. 세계 각국이 한국의

외교권을 공동으로 보호하기를 원한다.

고종이 말한 내용을 전달하는 형식인 밀서는 '황제가 독립제권
을 타국에 넘기지 않았음'을 뚜렷하게 밝혔다. 아무리 작은 영토
라도 일본에 주권을 넘기지 않았다는 뜻이다. 여기에는 작은 섬
독도까지 포함된다.

헤이그 특사가 실패로 끝나자 고종은 대한제국 인민들에게 항
일 의병으로 나설 것을 촉구하는 칙서를 공표했다. 칙서에서 삼
천 년 강토가 하루아침에 이적의 땅이 되려 하니 슬프다"라며 비
통한 심정을 토로했다. 그리고 며칠 후 고종은 일본에 의해 퇴위
당하고 말았다. 이토 히로부미의 명령으로 을사늑약 체결에 가장
적극적이었던 이완용을 중심으로 한 대한제국 내각이 고종을 퇴

위시켰다.

이에 격노한 민중은 친일 단체인 일진회가 운영하는 국민신문사와 경찰서 등을 습격했고 이완용의 집에 불을 지르는 등 격렬한 항일시위를 벌였다. 그런데도 일본은 침략 속도를 늦추지 않았다. 1907년 7월 24일 한국 내각은 일본이 제시한 정미 7조약(제3차 한일협정)을 그대로 수용했다. 한국의 법령제정권·관리임명권·행정권 등을 모두 통감에게 넘기고 한국 정부에 일본 관리를 임명할 수 있다는 내용 등이다. 일본이 한국의 내정을 완전히 장악한 것이다. 일주일 뒤에는 한국 군대를 해산한다는 명령이 떨어졌다. 이제 대한제국을 지킬 방법은 남아 있지 않았다. 모두 을사늑약의 결과였다.

안중근의 의거

1909년 10월 26일 오전 9시 30분경이었다. 을사늑약을 강제로 체결하고 통감이 되어 고종의 퇴위와 국권침탈을 추진한 이토 히로부미가 사살되었다. 의병 안중근이 러시아 하얼빈역에서 사살한 것이다.

처음에는 한국을 보호국화 할 생각이었던 이토는 항일 의병 투쟁이 격렬하게 일어나자 한국의 국권을 침탈하기로 생각을 바꿨

사진 9 안중근 의사와 사살되기 직전의 이토 히로부미

다. 일본 정부는 1909년 7월 한국 보호국화라는 원래의 방침을 침탈로 완전히 전환했다. 이토는 이에 동의했다.

국권 침탈이 결정된 지 3개월이 지나 만주 시찰을 나선 이토는 안중근에게 사살되었다. 안중근뿐 아니라 모든 의병에게 한국 침략의 원흉으로 여겨진 이토였다. 이들을 대표해 안중근이 나선 것은 민중이 의병으로 나서길 촉구한 고종의 칙서에 응한 결과라 할 수 있다.

04

일본의 항복과
독도

조선 청년의 용기

대한민국 헌법은 '대한민국 임시정부의 법통을 계승'했다라고 말한다. 우리나라의 뿌리가 대한민국 임시정부에 있는 것이다.

대한민국 임시정부는 3·1 운동 이후 해외에서 독립운동을 추진해 온 이승만, 여운형, 김구 등이 중화민국 상하이에 세운 것이다. 그곳에 결집한 독립운동가들은 임시의정원을 설립해 1919년 4월 13일 대한민국 임시정부를 수립·선포했다. 국호를 대한민국으로 정하고 민주공화제를 골자로 하는 임시헌장을 채택했고 행정수반인 국무총리에 이승만을 추대하며 행정부인 국무원을 구성했다.

6월에는 임시정부 내무총장으로 임명된 안창호가 대한민국 임시정부와 국내의 비밀연락망 조직인 연통제를 구축했다. 아울러 기관지인 〈독립신문〉을 발행하는 등 임시정부를 널리 알리기 시작했다.

그리고 임시정부와 다른 형태의 독립운동도 존재했다. 독립군들의 항일투쟁이다. 3·1 운동 후 비폭력 독립운동의 한계를 느낀 국민은 여러 조직으로 결집하기 시작했다. 주로 만주지역 동부에 있는 간도에 결집해 새로운 무장투쟁을 시작했다. 간도는 조선총독부의 직접적인 지배를 받지 않아 의병들이 활동하기 적합한 지역이었다. 이에 3·1 운동으로 궐기한 조선인들이 새롭게 합류했다.

이를 눈치챈 일본 정부는 간도를 점령하기로 했다. 여기에 맞선 독립군들은 일본과 크고 작은 전투를 벌였다. 특히 봉오동 계곡에서 두만강을 건너온 일본군을 상대로 벌인 전투는 치열했다. 이 전투에서 일본군 150여 명이 사망하고 10여 명이 부상을 입었지만 독립군의 피해는 거의 없었다. 항일투쟁에서의 첫 승리였다.

봉오동 전투에서 입은 피해가 크다는 사실을 심각하게 받아들인 일본은 간도를 중심으로 활동하는 독립군을 전멸시킬 작전을 세웠다. 그러던 중 1920년 10월 중국인 마적이 혼춘(중국 길림성 남동쪽의 도시)의 일본영사관을 습격하는 사건이 일어났다. 이를 계기로 일본은 간도 일대에 수만 명의 군대를 보내 항일 무장조직 진압에 나섰다. 일본군과 독립군은 6일에 걸쳐 간도의 청산리 부근에서 전투를 벌였다. 독립군은 이 전투에서도 큰 성과를 올렸다. 독립운동가 박은식이 1920년에 출간한 《조선독립운동지혈사》에 의하면 일본군 사망자는 약 900~1,600명이라고 한다.

그런데 일본은 항일 독립군에 피해를 입은 사실이 없다고 주장한다. 당시 우리나라의 힘이 매우 약했고, 직접 독립을 쟁취한 것이 아니라 연합국 덕분에 얻은 것이라는 의도로 보인다. 자력으로 독립하지 못한 한국을 비하하는 역사관을 지금도 가지고 있는 것이다. 우리는 이러한 왜곡 논리의 잘못된 부분을 지적하고 극복해 나갈 필요가 있다.

일본의 간도 소탕작전으로 독립군은 러시아로 이동했나. 이때 각 독립군의 지도자들이 통합해 '대한독립군단'을 조직했다. 그런데 러시아 자유시(알렉셰프스크)의 사정이 복잡했다. 중국, 러시아 등지에서 활동하는 독립군들이 대거 집결하면서 통수권(군의 최고사령관으로서 군을 지휘·통솔하는 권한) 싸움이 일어났다. 누가 부대 전체를 지휘하느냐를 두고 소련 공산당과 중국 공산당이 주도권 싸움을 벌였다. 이 과정에서 대한독립군단은 조직이 무너지는 타격을 입어 활동 자체가 어려울 정도로 세력이 약해졌다.

자유시 참변으로 가장 큰 규모의 항일독립군이 사라져 버렸다. 그러나 김구가 중심이 되어 일본에 게릴라 공격을 하는 한인애국단 등 저마다의 독립운동은 계속되었다. 특히 이봉창은 1932년 1월 8일 도쿄 요요기에서 히로히토 일왕이 육군 열병식을 열람한다는 소식을 듣고 암살을 결심했다. 그는 일왕이 탄 마차를 향해 두 개의 수류탄을 던졌다. 비록 일왕을 죽이지 못했으나 그의 의거로 일본은 큰 충격을 받았다.

그로부터 3개월 뒤인 4월 29일에는 윤봉길의 의거가 큰 성공을 거뒀다. 한인애국단 소속인 윤봉길은 중국 상하이 훙커우 공원(현재의 루쉰 공원)에서 열린 일왕 생일 축하 행사에 폭탄을 던져 육군대장 등 2명을 살해했고 여러 명의 관련자에게 중경상을 입혔다. 이 쾌거는 곧 전 세계의 이목을 집중시켰다. 특히 중화민국의 장제스 총통은 "중국의 백만 대군도 못한 일을 일개 조선 청년이 해냈다"라고 감격하며 대한민국 임시정부에 대한 전폭적인 지원을 약속했다.

이후 중국군과 임시정부의 광복군이 함께 싸우기 시작했다. 덕분에 1943년 카이로 회담에서 장제스는 미국의 루스벨트 대통령과 영국의 처칠 수상에게 한국의 독립을 강하게 제의할 수 있었다. 장제스의 제의로 3국 정상은 '한민족의 노예 상태를 고려해 적당한 시기에 한국을 독립시키기로 정한다'라는 데 동의했다. 대한민국 임시정부의 노력이 한국의 독립을 이끌어낸 것이다.

2년 뒤인 1945년 9월 2일 일본은 무조건 항복한다는 문서에 서명했다. 윤봉길 의사가 던진 폭탄으로 절름발이가 된 시게미쓰 마모루 외상이 직접 서명한 것이다. 이는 윤봉길의 의거가 보여준 대한민국의 강한 독립 의지가 일본을 패망시켰음을 상징적으로 보여주는 사건이었다.

일본, 드디어 항복하다

일제가 창씨개명을 실시해 전쟁에 모든 힘을 쏟아부었을 무렵, 대한민국 임시정부는 한국 광복군이라는 군대를 정식으로 창설했다. 광복군은 대한민국 임시정부를 정식 교선국, 교전단체로 승격시켜 연합국의 일원으로 만든다는 명백한 목표를 가졌다. 임시정부 수석 김구는 '광복군 선언문'을 발표하며 "광복군은 한중 양국의 독립을 회복하기 위해 연합국의 일원으로 양국 공동의 적 일본 제국주의를 타도하기를 목적으로 한다"라고 그 뜻을 밝혔다.

이후 중국 시안에 총사령부 참정부서를 설치해 중국 화북지방에 거주하는 조선인을 대상으로 병사를 모집했다. 이에 중화민국 정부는 임시정부에 '한국 광복군 행동 준승 9개항'을 제안했다. 광복군은 이를 받아들임으로써 중국의 지원을 받게 되었다. 중국인 장교까지 파견되면서 광복군은 더욱 강화되었다. 전체 병력은 약 520명이었다.

1941년 12월 8일 일본이 미국 진주만을 기습 공격해 태평양전쟁이 시작되자 임시정부는 이틀 뒤 우리 민족의 자주독립 의지를 세계에 알리는 '대일 선전 성명서'를 발표했다.

광복군의 최대 목적은 조선 해방이었다. 목적을 달성하기 위해 김구는 중국에 파견된 미국 전략사무국과 협약을 맺었다. 일본에 배치되었다가 탈출해 광복군에 합류한 병사들까지 시안에서 특

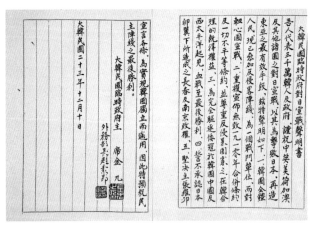

사진 10 대한민국 임시정부
대일 선전 성명서

수공작훈련을 받았다.

　광복군은 산둥반도의 병사들을 미국 잠수함에 태워 한국에 보낸 뒤 미국과 연계해 한반도에서 무장봉기를 유도할 계획을 세웠다. 1945년 8월 초 김구와 미국 전략사무국의 도노번 대사는 광복군의 한국 내 진입작전에 합의했다. 그러나 작전 수행 직전인 8월 15일 일본이 연합국에 무조건 항복하며 태평양전쟁이 끝났다. 일본이 항복을 결심한 이유는 8월 6일과 9일 히로시마와 나가사키에 투하한 원폭과 소련의 참전이었다. 일왕은 연합국의 포츠담 선언을 수락하며 8월 15일 무조건 항복했다.

　이에 앞선 8월 10일 조선총독부는 라디오의 단파방송(멀리까지 도달하는 해외 방송)으로 일본이 포츠담 선언을 수락했음을 미리 알렸다. 이제 일본이 항복할 것으로 생각한 조선총독부는 치안 유지 권한을 민족운동가 여운형에게 넘겨주기로 했다. 그는 이승만, 김구 등과 상하이에서 대한민국 임시정부를 창립한 인물이었다. 조선 총독 아베 노부유키는 조선에 살고 있는 일본인의 생명과 재산을 보호해 줄 협상 대상자를 찾았다. 이에 한민족의 대표 기관과 정치 세력의 형성을 필요로 하던 여운형이 총독과 협상을 벌여 합의했다. 한반도에서도 조선총독부의 항복이 확정된 것이다. 1945년 8월 15일 여운형은 광복과 함께 '조선건국준비위원회'를 설립했다. 일본은 이렇게 연합국뿐만 아니라 한국에도 항복했다.

　제2차 세계대전이 막바지로 접어든 1943년 11월, 미국 루스벨트 대통령과 영국 처칠 총리, 그리고 중화민국 장제스 총통은 이집트의 카이로에서 회담을 가졌다. 이 회담은 제2차 세계대전을 하루속히 끝낼 것에 합의하고 전후 처리를 논의하는 자리였다.

　이때 발표된 것이 '카이로 선언'이다. 선언문에는 "한국의 인민들이 노예 상태에 놓여 있음에 유의해 적당한 시기와 절차를 밟아 한국을 자유롭고 독립된 나라로 만들겠다"라고 쓰여 있다. 또한 "일본은 폭력 및 탐욕에 의해 탈취한 모든 지역으로부터 축출된다"라고 분명히 밝혔다.

　카이로 선언은 청일전쟁 종결 후 일본이 탈취한 모든 영토를 그 이전의 상태로 원상 복귀시키는 것을 원칙으로 한다. 그러므로 일본이 대한제국으로부터 1905년에 탈취한 독도가 한국으로 반환되어야 하는 것은 분명한 사실이다.

　카이로 선언은 1945년에 발표된 포츠담 선언 제8항에 의해 포츠담 선언에 포함되었고 일본은 8월 9일 포츠담 선언을 수락했다. 이후 일본은 포츠담 선언을 수락했다는 내용을 담은 문서에 서명함으로써 법적으로 선언을 수용했다.

　그렇다면 포츠담 선언은 독도와 관련해 어떤 내용을 기록했을까? 포츠담 선언 제8항은 "카이로 선언의 각항은 실행되어야 한다"라고 말한다. 그리고 "일본의 주권을 혼슈와 홋카이도, 규슈 및 시코쿠 지방 그리고 우리(연합국)가 결정할 '작은 섬들'에 국한한다"라고 규정했다. 여기서 중요한 내용은 일본의 '작은 섬들' 중에 독도가 포함되느냐를 미국뿐 아니라 연합국 전체가 결정한다는 것이다.

다시 확인한 우리 땅 독도

과연 독도는 포츠담 선언이 규정한 '연합국이 결정할 작은 섬들'에 포함돼 일본 영토로 남았는가, 아니면 포함되지 않아 한국 영토로 복귀되었는가?

종전 후 카이로 선언에 따라 우리 고유 영토인 독도는 대한민국의 영유권에 속하게 되었다. 이후 우리는 현재까지 독도를 실효적으로 점유하고 있다. 이러한 사실에 비추어 볼 때 독도에 대한 역사적, 지리적, 국제법적으로 확립된 우리의 영유권은 현재에 이르기까지 중단 없이 이어지고 있다. 이는 독도에 관한 대한민국 정부의 기본입장이다.

1946년 연합국 총사령부가 발한 연합국 총사령부 훈령(SCAPIN) 제677호 또한 독도를 일본의 통치·행정 범위에서 제외했다. 그리고 1951년 제2차 세계대전을 끝내기 위해 일본과 연합국 48개국이 맺은 평화조약인 대일강화조약(샌프란시스코 평화조약)을 맺었다.

그런데 대일강화조약의 최종 초안에 독도의 이름이 기재되지 않았다. 이후 한국 영토조항의 최종안은 대일강화조약 제2조 a항으로 다음과 같이 공표되었다.

> **일본은 한국의 독립을 승인하고, 제주도, 거문도, 울릉도를 포함한 한국에 대한 모든 권리, 권원, 그리고 청구권을 포기한다.**

일본은 한국 영토조항에서 독도가 빠졌음을 이유로 독도가 일본 영토로 남았다고 주장했다. 그러나 한국은 마지막 초안에서 독도에 대한 언급이 없으므로 대일강화조약의 한국 영토조항은 SCAPIN 제677호를 계승해서 독도는 한국 영토로 재확인되었다고 주장한다. 이 관점은 대일강화조약과 독도의 지위를 생각할 때 가장 핵심적인 내용이다.

한편 일본 외무성은 '다케시마 문제를 이해하기 위한 10가지 포인트'라는 홍보물을 작성해 대일강화조약에서 한국은 일본이 포기해야 할 영토에 다케시마(독도)를 포함하도록 요구했으나, 미국은 다케시마가 일본의 관할에 속한다고 해서 이 요구를 거부했다고 주장했다. 구체적인 내용은 다음과 같다.

1. 1952년 9월에 서명한 대일강화조약은 일본의 조선 독립 승인을 규정하는 동시에 일본이 포기해야 할 지역으로 '제주도, 거문도 및 울릉도를 포함한 조선'으로 규정했다.

2. 이에 관한 미영 양국의 초안을 알게 된 한국은 같은 해 7월 양유찬 주미 한국대사를 통해 애치슨 미 국무장관에게 서한을 제출했다.

   '한국 정부는 제2조 a항의 "포기한다"라는 말을 "(일본이) 조선 및 제주도, 거문도, 울릉도, 독도 및 파랑도를 포함하는 일본에 의한 조선 합병 이전에 조선의 일부였던 섬들에 대한 모든 권리, 권한, 권원 및 청구권을 1945년 8월 9일에 포기했음을 확인한다"로 바꿀 것을 간절히 바란다'는 내용이었다.

3. 이 의견서에 대해 미국은 같은 해 8월 러스크 극동 담당 국무차관보가 양유찬 대사에게 보낸 서한에서 다음과 같이 답변해 한국 측 주장을 명확히 부정했다.

   '합중국 정부는 1945년 8월 9일 일본이 수락한 포츠담 선언에서 취급한 지역에 대한 일본의 정식 내지 최종적인 주권 포기를 구성한다는 이론을 (대일강화)조약이 취해야 한다고 생각하지 않는다. 독도 또는 다케시마 내지 리앙쿠르 암礁으로 알려진 섬에 관해서 통상 무인無人인 이 바위섬은 우리의 정보에 의하면 조선의 일부로 취급된 적이 결코 없으며 1905년경부터 일본의 시마네현 오키섬 지청의 관할에 있었다. 이 섬은 일찍이 조선에 의해 영유권 주장이 이루

어졌다고는 볼 수 없다.'

이 내용을 보면 다케시마는 일본 영토라는 것을 긍정하고 있는 것
이 명백하다.

4. 또한 「밴 플리트 대사의 귀국보고서」에서도 다케시마는 일본 영토
이며 대일강화조약에서 포기한 섬에 포함되지 않았다는 것이 미국
의 결론이라고 명기되어 있다.

일본은 대일강화조약으로 독도가 일본 영토로 남았다고 주장
하며, 미국의 「러스크 서한」과 「밴 플리트 대사의 귀국보고서」를
유력한 증거로 내세웠다. 제3자의 입장에서 일본의 주장이 옳다
고 생각할 여지를 충분히 고려해 지금부터 우리의 입장을 명확히
세워보자.

SCAPIN 문서의 효력

우리는 SCAPIN 제677호가 독도를 일본 영토에서 제외했
고, 그것이 대일강화조약에 계승되었으므로 독도가 한국 영토로
재확인되었다고 주장한다. 그러나 일본 외무성 사이트는 이 논리
를 다음과 같이 부정한다.

일본이 연합국의 점령을 받을 때 연합국은 일본에 정치 및 행정상 권력 행사를 중지해야 하는 지역과 어업과 포경을 금지해야 할 지역을 지정했다. 그중에는 다케시마도 포함되어 있다. 그러나 이 규정에는 영토 귀속의 최종 결정에 관한 연합국의 정책을 의미하는 것으로 해석되어서는 안 된다는 취지도 모두 기록하고 있다.

제2차 세계대전 후 연합국 총사령부는 일본에 독도에 대한 정치, 행정상의 권력 행사를 중지하도록 규정한 SCAPIN 제677호와 독도 주변에서의 어업과 포경 등의 활동을 금지한 SCAPIN 제1033호를 명령했다. 그러나 일본은 이것이 일본 영토를 최종적으로 결정하는 문서가 아니라고 반박한다. SCAPIN 제677호 제6항이 "이 지령의 어떠한 규정도 포츠담 선언 제8항에 기술된 '작은 섬들'의 최종적 결정에 관한 연합국의 정책을 나타내는 것이라고 해석되어서는 안 된다"라고 말하기 때문이다. 또한 제1033호 제5항도 "이 허가는 해당 구역 또는 그 외의 어떠한 구역에 관해서도 국가 통치권, 국경선 또는 어업권에 대한 최종적 결정에 관한 연합국 정책의 표명이 아니다"라고 말한다. 결국 SCAPIN이 최종 결정이 아니라고 기록했으므로 독도가 한국 영토로 결정된 것이 아니라는 것이 일본 정부의 태도다.

그러나 한국은 SCAPIN 제677호가 최종 견해가 아니라고 해도 대일강화조약이 이를 최종적으로 계승했다고 본다. 대일강화조약에 독도라는 명칭이 없고 독도가 일본 영토가 되었다는 변경 명시도 없으니 대일강화조약은 직전의 합의인 SCAPIN 제677호를 계승했다고 해석한 것이다. 그리고 일본이 내세운 「러스크 서한」이나 「밴 플리트 대사의 귀국보고서」에 관한 일본의 주장 역시 다르게 해석한다.

일본 편에 선 미국인 시볼드

「러스크 서한」과 「밴 플리트 대사의 귀국보고서」의 성격을 파악하기 위해 우선 대일강화조약이 어떻게 진행되었는지 알아보자.

1947년부터 미국이 연합국을 대표해 작성한 제5차 초안까지는 독도를 한국 영토로 기록했다. 제5차 초안은 "일본은 이로써 한국을 위하여 한국의 본토와 제주도, 거문도, 울릉도, 다케시마를 포함한 한국의 모든 해안 도서들에 대한 모든 권리와 권원을 포기한다"라고 말한다. 이는 대일강화조약의 한국 영토조항에 SCAPIN 제677호를 그대로 적용한 결과다. 결국 SCAPIN 제677호가 한국 영토조항에 영향을 미친 것이다.

그런데 놀랍게도 제6차 초안은 독도를 일본 영토라며 정반대로 기록했다. 당시 일본은 영토를 조금이라도 더 확보하려 미국 정부에 많은 로비 활동을 하고 있었다. 그중에서도 미국 외교관이자 일본 정부의 정치 고문이던 윌리엄 시볼드에게 일본에 유리한 자료를 제공하며 강력히 설득했다. 결국 시볼드는 독도가 일본 영토라는 취지의 문서를 미 국무성으로 보냈다.

일본의 이들 도서(독도)에 대한 영유권 주장은 예로부터 있었고 유효한 것으로 보인다. 전략적으로는 그곳의 기후 관측기지나 레이더 기지 설치를 고려할 수 있다.

독도를 한국 영토로 인정한 제5차 초안이 나온 지 12일 만의 일이었다.

시볼드는 이어 독도가 일본 영토가 되면 미국의 국익과 일치한다는 내용의 전보를 다시 보냈다. 시볼드의 의견은 냉전이 시작된 상황에서 독도가 일본 영토가 되는 것이 미국의 국익에 도움을 준다는 전략적 관점에서 나온 것으로 판단된다. 시볼드는 독도 영유권에 관한 한국의 의견을 확인하지 않고 일본의 주장만 받아들였다. 일본 편에 선 시볼드로 인해 독도 영유권 문제는 예상치 못한 방향으로 흘러갔다.

결과적으로 미 국무성은 시볼드의 제안을 받아들여 제6차 초안에서 처음으로 독도를 일본 영토로 분류했다. 그런데 제6차 초안이 나온 지 11일 만에 나온 제7차 초안은 '연합국의 합의서' 형식으로 독도가 한국 영토임을 다시 결정했다. 연합국은 한국의 본토와 제주도, 거문도, 울릉도, 다케시마(독도)를 포함한 한국의 모든 해안 도서에 대한 모든 권리와 권원을 대한민국에 완전히 부여하는 데 동의했다. 아마도 제6차 초안에 대한 연합국의 반발과 미 국무성 내의 의견 대립으로 독도를 다시 한국 영토로 복귀시킨 것으로 보인다. 중요한 사실은 연합국의 합의로 한국 영토로 규정되었으며, 총 일곱 차례 작성된 초안 중 무려 여섯 차례나 이 사실을 증명한다는 것이다.

결과를 지켜본 시볼드는 미 국무성에 다시 전문을 보내 독도의 영유권을 다시 생각해 볼 것을 요구했다. 이로 인해 제8차와 제9차 초안은 다시 독도를 일본 영토로 기록했다. 시볼드의 끈질긴 요구가 대일강화조약 작성 과정에서 독도의 지위에 큰 영향을 미친 것이다.

그러나 1950년에 작성된 제10차 초안은 "일본과 한국의 관계는 1948년 12월 유엔총회에서 채택된 결의에 의거한다"라고 기록해 독도에 관한 내용이 사라졌다. 제11차 초안도 마찬가지였다. 미 국무성은 독도가 일본 영토라는 미국만의 견해를 고수하기 어려웠던 것으로 보인다. 그러나 미 국무성은 1950년 10

월 26일 '호주의 질문에 대한 미국 답변서'에 독도를 '다케시마 Takeshima'로 기록해 일본 영토임을 주장했다.

이에 호주, 뉴질랜드 등 영국연방 국가들이 다른 의견을 내놓으며 더는 미국만의 초안을 수용할 수 없다고 판단했다. 영국연방 국가의 의견에 영국은 독자적으로 대일강화조약 초안을 작성하기 시작했다. 그렇게 발표한 제1차 영국 초안은 독도뿐 아니라 울릉도까지 일본 영토로 기재하는 오류를 범하고 말았다. 때문에 제2차, 제3차 초안에서 잘못된 부분을 명확히 수정해 독도를 한국 영토로 표기해 공개 발표했다. 영국은 일본 영토를 선으로 포위한 형식의 초안을 작성했고 독도는 일본 영토가 아닌 한국 영토로 표기했다.

그것이 1951년 4월 7일이었고 영국은 그 초안을 미국에 제시했다. 그 후 미국과 7차에 걸쳐 비밀 회담을 열었다. 이들 회담은 7차 회의 자료만 일부 공개되어 있어 독도에 관해 구체적으로 어떤 토의가 오갔는지 자세히 알 수 없다. 회담 결과로 제1자 '영미 합동 초안'이 나왔다. 초안은 한국 영토조항을 다음과 같이 기록했다.

일본은 제주도, 거문도, 울릉도를 포함한 한국에 대한 모든 권리, 권원, 그리고 청구권을 포기하며, 한국의 주권과 독립에 관해 유엔의 주도 또

는 주도하에 취해질 모든 조치를 인정하고 존중하는 데 동의한다.

그러나 한국에 소속되는 섬을 표시하지 않은 이 조항만으로는 독도의 영유권을 확인할 수 없다. 이에 관한 연합국의 토론이 1951년 6월 1일 워싱턴에서 열렸다. 뉴질랜드는 "논쟁을 없애기 위해 일본에 속하는 작은 섬을 영국의 초안처럼 경도와 위도로 영토 표시하는 것이 좋다"라는 의견을 제시했다. 뉴질랜드는 영국과 마찬가지로 독도가 한국 영토라는 입장이었으므로 영국식 초안을 선호했다.

이에 대해 미국은 "이어지는 선으로 일본 영토를 포위해 표시하는 것은 일본에 자신의 나라를 둘러싼 벽이 생겼다는 심리적 압박을 준다. 도쿄에서 일본인과 토론했을 때 이미 그들은 영국 초안을 거부했다"라는 의견을 내세웠다. 여기서 간과해서는 안 되는 부분은 미국이 사전에 영국 초안을 일본 정부에 제시해 수용 여부를 살폈다는 점이다. 이상할 정도로 패전국을 배려하는 미국의 입장을 알 수 있다. 다만 미국이 일본에 영국 초안을 제시했다는 것은 영미합동 초안이 영국 주도로 만들어지고 있었음을 암시한다. 그러므로 일본 편을 든 미국은 미리 일본에 영국 초안을 제시해 독도의 거취를 애매모호하게 남기려는 구실을 얻은 것이다. 최종적으로 영미합동 초안은 독도가 어느 나라 영토인지 기록하지 않았다. 하지만 당시의 상황을 볼 때 한국 영토라는 점을 부정하지 않았음이 분명하다. 부정했다면 독도를 명백한 일본 영토라고 기록했어야 하기 때문이다.

1951년 6월 14일 제2차 영미합동 초안이 확정되었다.

> **일본은 한국의 독립을 승인하고 제주도, 거문도, 울릉도를 포함한 한국에 대한 모든 권리, 권원, 그리고 청구권을 포기한다.**

일본 영토에 관한 조항은 모두 삭제되었다. 이후에도 세 차례에 걸쳐 초안이 수정되었으나 한국 영토에 관한 내용은 변함이 없었다. 따라서 대일강화조약의 영미합동 초안에는 독도가 일본 영토라는 기록이 없으므로 독도 영유권 문제는 SCAPIN 제677호를 계승했다고 해석할 수밖에 없다. 독도가 한국 영토라는 국제법적인 근거는 여기에 있다.

「러스크 서한」과 독도

그럼 이제 일본이 독도를 자신의 영토라고 주장하는 근거인 「러스크 서한」에 관해 살펴보자. 「러스크 서한」은 대일강화조약을 체결하기 전 한국, 미국, 일본 사이에 교환한 문서 중 하나다. 명확하게는 1951년 8월 10일 미국 극동 담당 국무 차관보 딘 러스크가 양유찬 주한 미국 대한민국 대사에게 보낸 외교 서한이다.

한국은 대일강화조약의 조인국이 아니었기 때문에 초안 작성에 대한 정보가 부족했다. 뒤늦게 최종안의 한국 영토조항에 독도가 빠진 사실을 안 한국은 주미 한국대사인 양유찬을 통해 한국의 독도 영유권을 표기해 줄 것을 미 국무성에 요청했다. 양유찬은 미 국무성 고문이자 대일강화조약의 책임자인 존 덜레스 대사에게 수정을 요청하는 서한을 건넸다.

> 일본은 한국과 제주도, 거문도, 울릉도, 독도, 그리고 파랑도를 포함한 일본이 한국을 합병하기 전 한국의 일부였던 도서에 대한 모든 권리, 권원, 그리고 청구권을 1945년 8월 9일 자로 포기했다는 것에 동의한다.(1951년 7월 19일 자)

이어서 열린 회담에서 덜레스는 "1905년 이전에 이 섬들이 한국 영토였다는 것이 확실하다면 일본이 포기해야 할 한국 영토조항에 이들 명칭을 밝히는 것은 큰 문제가 아니다"라고 대답했다. 그리고 독도와 파랑도의 위치에 관해 물었다. 양유찬 대신 답한 한표욱 일등서기관은 "아마도 울릉도 가까이에 있다고 생각한다"라고 애매하게 답했다. 독도는 울릉도 가까이에 있지만 파랑도는 현재 제주도 남쪽에 있는 '이어도'를 뜻한다. 이들은 파랑도의 위치를 명확하게 알지 못했다.

그 후 미 국무성은 다시 주미 한국대사관에 독도와 파랑도에 대해 문의했다. 그런데 대사관 직원들이 "독도는 울릉도, 혹은 다케시마 가까이에 있는 섬이라고 생각한다. 파랑도도 아마 그럴 것이다"라는 엉터리 대답을 했다는 것이 1951년 8월 3일 자 미 국무성 메모로 확인되었다.

이런 상황에서 시간적 여유가 없던 딘 애치슨 국무장관은 결단을 내릴 수밖에 없었다. 그는 연합국회의에서 한국 정부의 요청에 독도와 파랑도에 대해 아직 결론이 나지 않았지만 시간 관계상 대일강화조약에 기록하기는 어렵다고 보고했다. 그리고 한국에 체류 중인 존 무초 대사에게 두 섬을 조사할 것을 요청했다. 그런데 무초의 답변으로 미 국무성은 독도와 다케시마가 같은 섬이라는 것을 처음 알게 되었다. 미 국무성은 극동관계를 담당하는 국무차관보인 데이비드 딘 러스크의 이름으로 다음과 같은 서한을 주미 한국대사관으로 보냈다.

"… 합중국 정부는 1945년 8월 9일 일본이 포츠담 선언을 수락하며 이 선언에서 취급한 지역에 대한 일본의 정식 내지 최종적인 주권 포기를 구성한다는 이론을 (대일강화)조약이 취해야 한다고는 생각하지 않는다. 독도 또는 다케시마 내지 리앙쿠르 암礁으로 알려진 섬에 관해 통상 무인無人인 이 바위섬은 우리의 정보에 의하면 조선의 일부로 취급된 적이 결코 없으며 1905년경부터 일본의 시마네현 오키섬 지청의 관할에 있었다. 이 섬은 일찍이 조선에 의해 영유권 주장이 이루어졌다고는 볼 수 없다…."

미국 정부는 대일강화조약이 포츠담 선언을 반드시 지킬 필요가 없다고 말했다. 또한 미국의 정보에 의하면 1905년부터 독도는 일본 시마네현 오키섬 관할에 있었고, 그 전에는 독도가 한국의 일부였다는 증거와 한국이 독도의 영유권을 주장한 적도 없다는 것이다. 그러므로 독도를 한국 영토조항에 삽입해 달라는 한국 정부의 요청을 수용할 수 없다는 것이 결론이었다.

현재 일본은 이 부분을 강조하면서 결국 독도가 일본 영토로 남았다고 주장한다. 한국은 여기에 명료한 비판과 극복 논리를 제시한 적이 없다. 한미관계에 신경 쓴 결과다. 이 책에서는 이 문제를 극복하는 분명한 내용을 제시한다.

한국에만 보낸 비밀문서

미국이 「러스크 서한」에서 밝힌 독도가 일본 영토라고 판단한 정보는 구체적으로 무엇을 말하는 것일까?

이를 알 수 있는 문서가 남아 있다. 미 국무성의 미공개 문서로 분류된 「리앙쿠르 락스(다케시마 혹은 독도)를 둘러싼 한일 논쟁」이다(현재는 공개되었다). 1952년 2월 4일에 작성된 이 문서는 미 국무성의 W. 존스가 주일 미 대사관의 제럴드 워너에게 보낸 것이다. 여기서 존스는 다음과 같이 독도가 일본 영토라는 근거를 제시했다.

1947년 6월에 일본 외무성은 《일본에 근접한 작은 섬들》 제5권을 출판했다. … 이 연구는 일본인이 옛날부터 마쓰시마라는 섬에 대해 알고 있었음을 설명한다. 마쓰시마는 현재의 다케시마(독도)이고 그들은 1667년의 공문서를 인용했다. 이 연구는 한국인들이 그 섬보다 북서쪽 가까운 거리에 있는 울릉도에는 이름을 붙였지만 그 섬에는 한국 명칭을 붙이지 않았다고 주장한다. 이 섬은 1905년 2월 22일 일본 시마네현 오키섬 지청 관할로 들어갔다. 1904년 오키섬의 어부들이 여기에 임시 오두막을 설치해 울릉도를 기점으로 강치 사냥을 할 때까지 이 섬에는 거주자가 없었다. 1912년 출판한 《일본백과대사전》 제6권 880쪽을 보면 더욱 상세히 나와 있다. 일본의 어부 나카이는 1904년 이 섬에 일본 깃발을 세웠다.

미국의 정보는 일본의 연구서나 백과사전에 의한 것이다. 이런 정보는 대일강화조약의 조항이 일본에 유리하게 기록되도록 일본 정부가 미 국무성의 정치 고문 시볼드에 제출했던 자료로 판단된다.

이 문서는 당시 한국 신문에 실린 독도 기사를 열거하며 "(독도에 대한) 한국의 영유권을 증명할 만한 어떤 정보도 없다"라고 주장했다. 한마디로 일본은 독도 영유권을 증명할 자료를 제출했으나 한국은 그러지 못했다는 뜻이다. 문제는 미 국무성이 일본과 접촉을 되풀이하면서 그들의 주장을 상당히 수용하면서도 한국과는 1951년 7월 단 한 번의 조사를 거쳐 독도가 일본 영토라는 결론을 내린 것이다.

그리고 무엇보다 「러스크 서한」에는 치명적 결함이 있다. 그것은 「러스크 서한」에 관한 일본의 믿음을 근본부터 뒤집을 수 있는 핵심논리이기도 하다. 구체적으로 알아보자.

먼저 「러스크 서한」이 비밀 서한이라는 것이다. 1953년 7월 22일 미 국무성 동북아과 직원인 L. 버매스터가 동북아과장 대리 로버트 맥클러킨에게 보낸 각서 「한일 간 리앙쿠르 락스 논쟁에 대한 바람직한 해결책」에 다음과 같이 기록하고 있다.

누가 리앙쿠르 락스(일본에서는 다케시마, 한국에서는 독도로 알려져 있다)에 대한 주권을 가지느냐는 문제에 대해 1951년 8월 10일 한국대사

앞으로 보낸 문서에 기록한 합중국의 입장을 상기시키는 것이 유익하다. … 이 입장(독도가 일본 영토라는 미국의 입장)은 지금까지 한 번도 일본에 정식으로 전달된 적이 없는데 이 분쟁이 중개, 조정, 중재재판, 또는 사법적 재판에 부쳐지면 밝혀질 것이다.

각서는 미국이 1953년 7월 22일까지도 일본에 「러스크 서한」 내용을 알리지 않았음을 인정한다. 이는 「러스크 서한」이 미국에서 비밀문서로 취급되었으며, 오직 한국에만 전달된 것을 뜻한다.

그렇다면 대일강화조약을 맺은 연합국에도 「러스크 서한」이 비밀리에 전달된 것일까? 이를 확인할 수 있는 자료가 바로 「밴 플리트 대사의 귀국보고서」다. 현재 일본이 독도 영유권을 주장하는 근거 중 하나이기도 하다. 이 보고서는 한국전쟁에 참전한 밴 플리트가 극동사절단 단장으로 드와이트 아이젠하워 미국 대통령의 특명을 받아 한국, 일본, 대만, 필리핀 등을 순방한 보고서다.

밴 플리트 보고서와 독도의 소유권

밴 플리트는 귀국보고서에 독도와 관련해 다음과 같이 기록했다.

> 독도(리앙쿠르, 다케시마라고도 불린다)는 일본해에 위치하고 대략 한국
> 과 혼슈 중간에 있다(동경 131.8도, 북위 36.2도). 이 섬은 사실 불모의
> 거주자 없는 바위의 집합체일 뿐이다. 일본과의 평화조약 초안이 작성
> 되었을 때, 대한민국은 독도 영유권을 주장했지만 합중국은 그 섬이 일
> 본의 주권 아래 남는다는 결론을 내렸고 그 섬은 일본이 평화조약상 포
> 기한 섬에 포함되지 않았다. <u>이 섬에 대한 합중국의 입장은 대한민국에
> 비밀리에 통보되었지만 우리의 입장은 아직 공표된 바가 없다.</u> 합중국
> 이 이 섬을 일본 영토로 생각하지만 (두 나라 간의) 논쟁을 방해할 우려
> 가 있다. 이 논쟁을 국제사법재판소로 부치는 것이 바람직하다는 우리
> 의 입장은 비공식적으로 대한민국에 전달된 바 있다.(밑줄은 필자)

보고서는 비밀리에 「러스크 서한」을 한국 정부에 전달했지만
공표하지는 않았다고 말한다. 이 말은 「러스크 서한」이 한국에만
전달되었고 일본은 물론 다른 연합국에도 미국이 비밀로 했다는
것을 증명한다. 결국 연합국과 합의하지 못한 상태에서 몰래 한
국에 통보한 미국만의 견해는 대일강화조약의 공식 입장으로 볼
수 없다. 쉽게 말해 연합국의 합의 없이 한국으로 전달한 「러스크
서한」은 연합국의 공통 견해가 아니므로 아무 효력도 없다는 뜻

이다. 이후 「러스크 서한」은 1998년 처음으로 공개되었다.

「러스크 서한」의 또 다른 문제는 '포츠담 선언을 따를 필요가 없다'라는 견해를 포함한다는 점이다.

합중국 정부는 일본이 1945년 8월 9일 자로 수용한 포츠담 선언에서 취급한 지역에 대해 일본이 공식적이고 최종적으로 주권을 포기했다 는 논리를 이 평화조약이 적용받아야 한다고 느끼지 않는다. 독도에 관해서는….

이 내용이 무엇을 뜻하는지 알아보자. 포츠담 선언의 제8항은 "카이로 선언의 조항은 이행되어야 한다. 그리고 일본의 주권은 혼슈, 홋카이도, 규슈 및 시코쿠 그리고 우리가 결정할 제소도(작은 섬들)로 한정되어야 한다"라고 말한다. 일본의 작은 섬들은 '우리', 즉 '연합국'이 결정해야 한다는 뜻이다. 그런데 연합국의 합의도 없이 미국이 보낸 「러스크 서한」은 이를 따를 필요가 없다고 주장한다.

그런데 1947년 6월 19일에 연합국 극동위원회가 포츠담 선언의 제8항을 재확인했다. 극동위원회는 영국 · 미국 · 소련 · 중화민국 · 네덜란드 · 호주 · 뉴질랜드 · 캐나다 · 프랑스 · 필리핀 · 인도 등 11개국 대표로 구성되어 있다. 그들은 '일본의 주권은 혼슈, 홋카이도, 규슈, 시코쿠, 그리고 이제 결정될 작은 외곽의 섬들로 제한될 것'을 다시 확인했다. 따라서 일본 영토가 될 작은 섬은 적어도 극동위원회의 승인을 받아야 했다.

물론 「러스크 서한」에 담긴 미국의 견해는 극동위원회의 승인이라는 절차를 거치지 않았다. 이를 정당화하기 위해 포츠담 선언을 따를 필요가 없다는 내용을 서한에 담았다. 마치 미국의 견해가 정당성을 가진 대표적 견해인 것처럼 보여주면서 한국을 설득하려 한 것으로 판단된다.

우리나라는 「러스크 서한」에 반대해 1905년 이전에 한국이 독도를 영유했다는 사실을 증명했어야 했다. 그러나 전쟁으로 임시 수도가 부산에 있어 제대로 된 보고서를 작성할 수 있는 상황이 아니었다. 이후 대한민국은 국제적 선례에 근거해 1952년 1월 18일 이승만 대통령이 '해양주권선언'을 선포하며 동해에 평화선을 긋고 독도를 한국 해역에 포함시켰다. 이런 행동은 1948년 8월 15일에 대한민국이 일본이나 미국 등에 독립을 인정받은 주권국가였기 때문에 가능했다. 주권국가인 한국이 미국의 일방적인 「러스크 서한」을 따를 이유는 전혀 없었다. 당시 연합국은 일본의 의뢰를 받은 몇몇 국가를 제외하고 대부분 평화선에 반대하지 않았다. 평화선은 「러스크 서한」에 대한 한국의 답장이라 할 수 있다.

그렇다면 미국은 왜 연합국과의 합의 없이 자신의 결정을 한국에만 보냈을까?

아무런 효력도 없는 「러스크 서한」

미국과 소련의 냉전이 시작되고 한국전쟁 중인 상황에서 미국은 하루빨리 일본을 자유주의 진영으로 복귀시키려 했다. 따라서 가능한 한 일찍 대일강화조약을 맺고 싶다는 방침을 세웠다. 이때 영토조항에 독도를 한국 영토로 표기해 달라는 한국의 요청이 들어온 것이다. 일이 복잡해질 것을 감지한 미국은 제대로 조사도 하지 않은 채 주미 한국대사관의 실수를 이용해 한국이 독도 영유권을 포기하도록 1951년 8월 10일 「러스크 서한」을 보냈다. 한국이 납득하지 못할 경우를 대비해 일본이 국제사법재판소에 제소할 수 있도록 평화조약 제22조에는 국제사법재판소에 의한 해결방안까지 명기했다.

문제는 「러스크 서한」을 공개할 경우 모처럼 초안에 합의한 연합국이 미국의 일방적인 결정에 반발할 가능성이었다. 연합국의 토론은 1951년 6월 1일 끝났고, 그 결과 제2차 영미합동 초안이 6월 14일에 작성되었다. 그런데 한국의 수정 요청이 들어온 7월 19일 이후에는 독도 문제에 관한 연합국의 토의가 없었다. 다만 미국이 회의에서 독도와 파랑도에 대해 계속 조사 중이라고만 밝혔을 뿐이다. 그런데 미국은 8월 10일에 한국에만 「러스크 서한」을 보내는 독자적인 행동을 했다.

한국의 요청에 미국이 답변을 보냈으니 「러스크 서한」이 법적 효력을 가졌다는 의견이 있으나, 한국이 그것을 수용했다는 공식 문서가 없다. 또한 1954년까지 한국은 1905년 이전에 독도가 한국 영토였다는 증명을 몇 차례 공표했다. 한국이 「러스크 서한」을 수용하지 않았다는 법적 근거가 충분히 마련된 셈이다.

또한 미국은 양국의 대립에 개입하지 않겠다는 입장을 보이기도 했다. 미 국무성 동북아과 직원 버매스터의 각서에 다음과 같은 내용이 있다.

일본이 합중국에 중개자로서 행동해 달라고 요청해 올 경우, 한국의 동의를 얻어야 할 뿐 아니라 합중국은 (사건의 사실관계를 막론하고) 일본 혹은 한국을 선택하는 식으로 보인다는 불편한 입장에 놓일 것이다. 통상 중개자의 역할은 행복하지 못한 법이다. 이런 관점에서 그리고 양국에 대한 합중국의 필요 및 책무를 고려할 때 합중국은 최대한 분쟁에서 빠져나가는 것이 바람직하다.

미국은 처음부터 독도 문제에 개입할 생각이 없었음을 알 수 있다. 그러나 편파적으로 일본의 편만 든 뒤 자신은 빠지겠다는 것은 무책임한 행동이 아닐 수 없다.

「러스크 서한」은 미국이 다른 연합국과 합의를 거치지 않은 채 미국만의 견해를 대한민국 정부에 비밀리에 전달했다는 점에서 대일강화조약의 결론으로 볼 수 없다. 연합국 전체, 혹은 적어도 극동위원회 11개국이 합의해야 조약에 대한 모든 것이 결정된다는 원칙을 미국이 어긴 셈이다. 당시 대일강화조약의 미국 책임자였던 덜레스 대사는 후에 미 국무성 장관이 되어 "독도에 대한 미국의 견해는 평화조약에 대한 많은 서명국 중 하나의 견해일 뿐이다"라고 밝혔다.

결국 「러스크 서한」, 즉 독도가 일본 영토라는 미국의 견해는 대일강화조약의 결론으로 아무런 효력도 갖지 못하는 것이다. 일본이 무효인 「러스크 서한」을 집요하게 거론하는 이유는 미국의 입장을 전 세계의 입장으로 착각하기 쉬운 사람들의 심리를 이용한 고도의 왜곡이자 심리작전이다.

2장

독도를 둘러싼
갈등

국제사법재판소 방식과 중재는

절대적으로 한국의 동의가 필요하다.

그러므로 '독도 문제는 분쟁'이라는 한일 간 합의가 없다면

일본은 독도 문제를 두고

한국과 어떤 이야기도 할 수 없게 되었다.

01

독도와 평화선에 대한
인식 변화

독도가 한국 땅임을 인정한 일본

1951년 9월 8일 연합국과 일본이 대일강화조약을 조인한 지 40일가량 지난 10월 22일 일본 국회의 중의원 '평화조약 및 미일안전보장조약 특별위원회'는 조약 이후의 일본 영토에 관해 설명회를 가졌다. 일본 정부 측은 참석한 국회의원에게 〈일본영역참고도〉를 나눠줬다. 지도는 독도를 다케시마 또는 리앙쿠르 락스로 표기했다. 그 위에는 선이 그어져 있었다. 그리고 독도 주변에 반원이 그려져 있었는데 그것은 독도가 한국 영역임을 나타내는 표시였다.

그림 3 「일본영역참고도」 일부(1951. 10. 22)

이를 본 사회당의 야마모토 의원이 지도에 동해의 영역 표시선이 독도 위에 그어져 있다며 질문했다. 과연 독도가 일본 영토인지 아니면 울릉도에 딸려서 한국으로 옮겨가는 것인지 설명을 요구한 것이다. 이 질문에 구사바 정부위원은 다음과 같이 답변했다.

"현재 점령하고 있는 행정구역에서 다케시마는 (일본 영토에서) 제외되어 있습니다만, 이번의 평화조약(대일강화조약)에서 다케시마가 일본에 들어온다고 할까…. 일본 영토라는 것이 확실히 확인된 것으로 알고 있습니다."

구체적 증거를 제시하지 못한 애매모호한 표현이었다. 이후 정부 측이 독도 관련 질의응답 삭제를 요구했다. 사실 〈일본영역참고도〉에서 동해에 그어진 선은 '맥아더 라인'이다. 1946년 연합국 최고사령부는 SCAPIN 제677호로 독도를 일본의 행정구역에서 분리하는 동시에 SCAPIN 제1033호로 맥아더 라인을 설정했다. 일본 선박이 이 라인을 넘어 한국 수역으로 넘어올 수 없도록 조치한 것이다. 즉 독도는 맥아더 라인에 따라 한국 수역에 포함된 것이다.

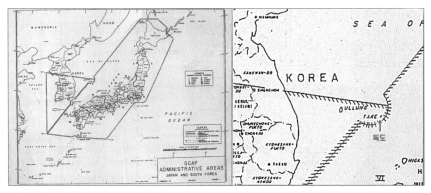

그림 4 1946년 설정한 맥아더 라인과 독도

미국이 한국에 보낸 「러스크 서한」은 맥아더 라인이 철폐된다는 입장이나 다름없었다. 하지만 미국이 연합국의 승인을 받지 못해 몰래 보냈기 때문에 일본은 맥아더 라인이 철폐될 것을 전혀 몰랐다. 그렇기에 대일강화조약을 맺은 뒤에도 맥아더 라인을 그대로 표시해 〈일본영역참고도〉를 작성한 것이다. 그리고 「러스크 서한」을 공개하지 않은 미국은 일본에 구두상으로만 독도에 관한 희망적인 이야기를 했을 가능성이 크다. 실제로 1952년 일본 국회외무위원회의 질의응답 시간에 관련된 이야기가 나왔다.

사회당의 야마모토 의원은 그동안 한국이 독도의 영유를 주장해 왔는데 이제 한국이 독도가 일본 영토라는 것에 동의한 것인지 물었다. 그러자 정부 위원인 이시하라는 연합국 사령부와 독도가 일본 영토라는 입장에서 여러 이야기를 나누었다는 모호한 말만 되풀이했다. 독도가 일본 영토가 된다는 확신을 갖지 못한 것이다. 미국도 독도에 관해 일본에 확실한 입장을 보여주지 않았음을 간접적으로 표현한 것이다.

일본이 당시 독도를 한국 영토로 생각하고 있음을 알 수 있는 자료가 더 있다. 1952년 4월 28일 대일강화조약이 발효된 뒤 일본 〈마이니치신문〉은 《대일강화조약 해설서》를 펴냈다. 여기에 〈일본영역도〉라는 지도가 등장하는데 역시 독도가 한국 영토임

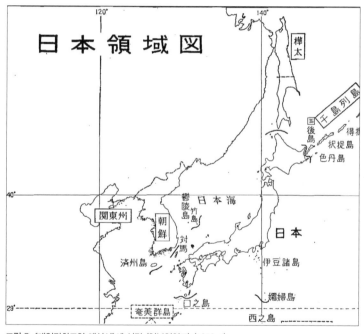

그림 5 《대일강화조약 해설서》에 실린 〈일본영역도〉 (1952. 4)

을 분명히 보여준다. 이는 〈일본영역참고도〉를 참고해 만든 가능성을 나타낸다.

〈일본영역도〉는 당시 일본에서 독도가 한국 영토라는 사실이 당연한 상식이었음을 증명한다. 〈마이니치신문〉의 외교 관련 부서가 일본 외무성의 견해를 무시했다고 보기 어렵기 때문이다. SCAPIN 제677호가 독도를 한국 영토로 인정한 사실이 대일강화조약에서도 변하지 않았다는 것을 일본 정부와 언론사가 수용할 수밖에 없는 현실이었다.

대한민국 정부 수립과 평화선

대한민국은 1948년 유엔 임시위원단이 감시하는 가운데 총선거를 실시했다. 그 결과 8월 15일 대한민국 정부를 수립했다. 동시에 헌법을 채택해 대한민국의 영토를 한반도와 그 부속 도서로 규정했다. 1952년 대일강화조약이 발효되기 전에 대한민국은 주권국가로서 독도를 한국 영토로 지배한 것이다. 이에 관해 미국을 비롯한 연합국은 공개적으로 한국의 독도 지배가 일시적이라고 말한 적이 없다. 사실상 연합국도 한국의 독도 지배를 묵인한 것이다.

1948년 12월 대한민국은 유엔 결의를 통해 한반도에서 유일한 합법 정부로 승인받았다. 일본은 같은 해 8월에, 미국은 1949년 1월에 대한민국을 국가로 공식 승인했다. 이제 주권을 행사할 수 있는 독립국가가 된 것이다.

그런 배경으로 1952년 1월 18일 이승만 대통령은 '인접 해양의 주권에 관한 대통령 선언', 즉 '해양주권선언'을 발표하며 '평화선'을 선포했다. 한국 연해에서 일본 어선이 어패류를 함부로 잡는 것을 방지하고 한국과 일본 어선 사이의 불미스러운 충돌을 막기 위함이었다.

당시 맥아더 라인이 이미 존재했지만 일본은 이를 많이 침범했다. 뿐만 아니라 독도에도 불법 상륙하는 행위를 서슴지 않았다. 대일강화조약 발효 이후 일본 어선 단속을 고민한 한국 정부는 평화선을 선포했다. 아직 한일 간 어떤 조약이나 협정이 존재하지 않는 상황에서 평화선을 선포한 것은 어업 약소국인 한국이 정당방위를 실천한 것이다.

일본은 한국이 국제법을 위반하고 일방적으로 평화선을 설정했다고 주장한다. 한일수교로 합의가 이루어진 이후에도 공해상에서 위법적인 선 긋기라며 비난을 멈추지 않는다. 평화선에 항의한 일본에 대해 대한민국은 1952년 1월 28일 「해양주권선언의 선례에 관한 구상서」를 보내 한국의 평화선 설정에는 국제적 선례가 있음을 지적했다. 다음은 구상서의 일부다.

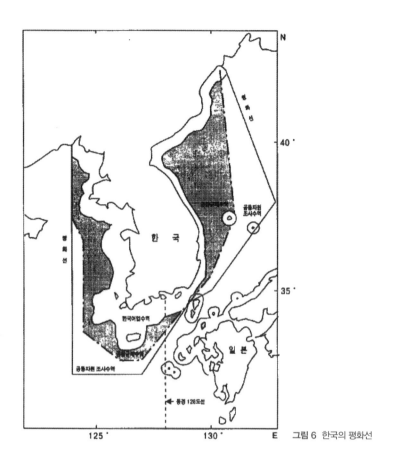

그림 6 한국의 평화선

1945년 9월 28일 트루먼 미국 대통령이 두 가지 일방적 선언을 했

다. 하나는 대륙붕에 관한 것이고 또 하나는 미국에 인접한 수역의 어

업자원에 관한 것이었다. 이후 멕시코, 아르헨티나는 미국의 사례를

본받아 일방적 선언을 했다. 이어서 칠레, 페루, 코스타리카는 대륙붕

이론과 200해리 이론이라는 두 가지 이론에 입각해 미국을 따라 일방적 선언을 했다.

한국은 1945년 미국의 트루먼 대통령이 선포한 '공해의 일정 수역의 연안 어업에 관한 대통령 선언'이다. 이 선언은 "미국 국민만이 이용해 온 수역을 미국의 통제와 관리하에 두는 것이 적절하고 다른 나라의 국민과 함께 공동 이용해 온 수역은 다른 나라와 합의된 규정에 의해 통제, 관리 한다"라고 되어 있다. 때문에 일본은 평화선과는 기본적으로 성격이 다르다고 말한다.

　상세하게 살펴보면 트루먼 대통령이 선포한 선언은 크게 두 가지 내용으로 나뉜다. 첫째는 대륙붕에 관한 트루먼 선언이다. 당시 기술의 발전으로 영해 너머의 해저에서 석유 등 광물자원을 채취할 수 있게 되었다. 미국은 대륙붕이 연안국 육지의 연장이므로 그 자원도 연안국 자원의 연장이라고 주장했다. 자국 방어를 위해 이러한 자원을 미국의 주권 행위로서 감시해야 한다는 것이다. 공해에서도 미국의 해안에 연결되는 대륙붕의 지하와 해저의 천연자원은 미국에 속하므로 그 자원은 미국의 관할권을 갖고 관리하는 것으로 간주한다고 선언했다. 대단히 일방적인 주권 선언이다. 근본적으로 이승만 평화선과 다를 게 없으므로 일본의 주장은 성립되지 않는다.

둘째로 보존수역에 관한 트루먼 선언이다. 제2차 세계대전이 끝난 후 외국 어선이 다시 미국 앞바다에 진출할 가능성이 있었다. 그러므로 자국민만이 어업해 온 수역은 독점하고 타국민과 공동으로 어업해 온 수역은 타국과 협정을 맺고 보존수역을 설정해 어업자원을 보존하겠다고 선언했다.

일본은 트루먼 선언은 평화선과 달리 다른 나라와 분쟁을 일으키는 내용이 아니라며 한국을 비난한다. 그러나 평화선과 트루먼 선언 모두 외국 어선의 진출을 저지할 목적을 갖고 있다. 또한 '지금까지 미국 국민만이 어업해 온 수역'이란 당연히 다른 나라와의 논쟁을 불러올 수역이라고 할 수밖에 없다.

일본 어민은 대일강화조약이 발효되기 전에 한국 수역을 넘어오지 못하도록 세운 맥아더 라인을 수차례 침범해 불법 어업을 일삼았다. 맥아더 라인을 넘어 독도에 불법 상륙하는 경우도 빈번하게 일어났다. 이런 상황에서 한국은 맥아더 라인이 없어진 뒤를 걱정하지 않을 수 없었다. 대책을 세우는 것은 오히려 당연한 일이었다. 1905년부터 일본의 지배를 받은 한국에는 수역 자체가 없었다. 한일 간에 어떤 조약이나 협정도 없는 상황에서 맥아더 라인이 사라지면 한국의 피해는 불 보듯이 뻔했다. 따라서 평화선 선포는 한국의 자국 방어를 위한 정당방위로 볼 수 있다.

또한 트루먼 선언의 영향으로 아르헨티나(1946), 파나마(1946),

칠레(1947), 페루(1947), 코스타리카(1948), 엘살바도르(1950), 온두라스(1951), 칠레 · 페루 · 에콰도르(1952) 등이 어업자원에 관한 선언을 잇달아 선포했다. 일본은 이들 국가의 해양 선언이 트루먼 선언과 달리 자국민의 독점적인 어업권을 일방적으로 설정했다고 비판한다. 그러나 이러한 중남미 국가들이 모두 약소국이라는 점은 한국과의 공통점이자 미국과의 차이점이다. 결국 각국의 해양선 선포는 모두 자국 방어를 위한 정당방위인 셈이다.

평화선을 인정하기 시작한 일본

처음에는 평화선에 강하게 반대하던 일본도 현실적 문제를 해결하기 위해 태도를 바꾸기 시작했다. 이후에는 평화선을 일부 인정하게 되었다.

1955년 7월 22일 일본은 참의원 예산위원회에서 평화선 문제를 논의했다. 의원들이 평화선의 부당함을 지적하자 시게미쓰 마모루 외상은 평화선 문제는 어디까지나 외교적 교섭으로 해결하는 것이 정부의 방침이라고 말했다. 더불어 한국 논리에 정당성이 있는지도 생각해야 한다고도 말했다. 이 발언은 평화선에 정당성이 있다면 한국 입장도 수용해야 한다는 내각의 방침을 간접적으로 드러낸 것이다.

이 문제는 1956년 4월 13일 시게미쓰 외상이 중의원 법무위원회에서 한국의 주권 행위를 일부 인정하는 발언으로 이어졌다. 평화선을 침범해 한국에 억류된 일본인 중 형기가 끝난 사람들과 일본 오무라 형무소에 수감 중인 한국인을 교환한다는 한일 합의에 대해 야당 측 법무위원들이 반발하면서 시작되었다. 반발에 대해 시게미쓰 외상은 다음과 같이 대답했다.

"한국이 독립국으로서 취한 조치가 좋은지 나쁜지는 별개의 문제이지만 (한국이) 독립국이라는 그 조약을 일본은 인정해야 한다. 대일강화조약 발효 이후 한국은 독립국이 되었다. 그 나라가 독립국의 주권을 운용했을 때, 운용 방식에 대해 국제적으로 여러 비평이 나올 수 있다는 것은 문제가 없지만 그것(주권 운용방식)에 대해 일본이 부인해 나갈 수는 없습니다."

시게미쓰는 이후에도 "한국이 독립국으로서 (일본과) 같은 견해가 아니라는 점은 인정해도 된다. 그렇지 않으면 외교 교섭을 할 수 없다"라는 답변을 되풀이했다.

당시의 국회 회의록을 보면 평화선이 국제법상 명백한 '불법'이라는 말은 어디에도 없다. 발언자가 "불법이라고 생각한다"라고 말은 했어도 법적으로 '분명한 불법'이라는 말을 하지는 않았다. 즉 일본 국회는 평화선을 '인정하느냐, 하지 않느냐'를 두고 공방을 벌였던 것이지 '합법이냐, 불법이냐'를 두고 공방을 벌인 것이 아니다. 당시 평화선이 국제법적으로 불법인지 합법인지 명백한 기준이 없었다는 사실을 보여주는 것이다. 그러므로 일본이 이제 와서 평화선을 불법이었다고 하는 것은 대단히 문제가 있는 언행이다.

결국 평화선에 대한 일본의 정책은 점점 현실적으로 바뀌어 갔다. 평화선을 그대로 인정하지는 못하지만 한국이 평화선을 통해 주장하는 내용을 되도록 수용하겠다는 방향으로 움직였다. 이를 보여주는 것이 1957년 5월 일본 수산청이 작성한 비밀문서인 「한일어업교섭요강(안)」의 '기본적 태도'에 관한 부분이다. 이 내용의 일부는 다음과 같다.

> 어업 능력이 열등한 한국에 대해 실질적 불평등을 바로잡을 뿐만 아니라 한국 어업의 장래 발전성도 고려한다.
> 현재의 소위 이李 라인을 그대로 인정하지는 못하지만, 이李 라인 설정으로 한국이 의도하는 문제점을 되도록 양국 간의 실질적인 조정 조치에 의해 해결하기로 한다.

이처럼 일본은 평화선의 목표에 관해 실질적인 조정으로 해결하겠다는 입장을 보였다. 사실상 한국의 '해양주권선언'을 일부 인정한 셈이다.

사진 11 「한일어업교섭요강(안)」

평화선이 없어진 것은 1965년 '한일어업협정'을 통해서였다.
협정으로 한국의 영해를 기본적 12해리로 하는 한일 간 합의가
이루어졌고, 이때 평화선은 사라졌다. 그리고 30년 이상 지난 시
점에서 일본은 평화선이 불법이었다고 주장하기 시작했다. 해양
법이 처음 제정된 것은 1958년이고 발효된 것은 1960년대다. 현
재의 해양법은 1982년 유엔에서 채택해 1994년 국제조약으로 발
효시켰다. 그러므로 평화선은 국제 해양법이 존재하지 않았던 시
절, 한국의 주권 행위에 속한다. 이는 불법이라는 일본의 주장이

성립되지 않는다는 뜻이다. 일본의 주장은 현재의 해양법을 기준으로 한 억지 주장에 불과하다.

02

한일회담과
독도

한일회담 문서 속 독도

　1965년 6월 22일 한일기본조약과 각종 한일협정이 타결
되어 한일 양국의 조인식이 열렸다. 그런데 마지막까지 진통을
겪은 것이 분쟁 발생 시 적용할 「한일 양국 간 문쟁 해결을 위한
교환공문(이하 교환공문)」 중 독도에 관한 부분이었다. 한국은 독
도가 한국 영토이므로 교환공문에 포함되지 않는 문제라고 주장
했다. 한편 일본은 교환공문이야말로 독도 문제를 해결하기 위한
공문이라고 주장했다. 어느 쪽의 주장이 맞는지 알아보자.

　한일회담과 관련한 한국 문서는 현재 대부분 공개되어 있다.

반면 일본은 아직 정식으로 공개하지 않았다. 다만 민간인이 일본 정부를 상대로 한 재판을 통해 관련 문서가 상당 부분 공개됐다. 2005년 결성한 '일한시민이 만든 일한회담 문서 전면 공개를 요구하는 모임(이하 '요구하는 모임')'이 홈페이지를 통해 공개한 일본 문서를 통해 한일회담에서 거론된 독도 문제를 살펴보자. 내용은 크게 4가지로 나눌 수 있다.

1. 일본의 독도 문제 해결 제안 : 국제사법재판소 회부

1962년 9월 3일 열린 예비교섭에서 일본 대표 이세키 유지로 외무 국장은 "일한 국교정상화와 동시에(혹은 정상화 후 즉시) 다케시마(독도) 문제를 국제사법재판소에 제소할 것을 한국이 약속해 주면 된다"라고 한국에 요구했다. 그는 "일본 국회에서 늘 문제가 되기 때문에 일한 간 관계조약을 심의할 때 다케시마 문제도 다 마무리되었다고 설명할 수 있어야 한다"라는 점을 이유로 들었다.

일본은 한일회담 교섭 과정에서 독도를 거론할 때 늘 영유권이 아닌 국회 문제로 거론했다. 공개된 「한일회담 문서 1824」에도 다음과 같은 내용이 있다.

"오히라 대신이 (다케시마 문제는) 사회당이 항상 정부 공격의 재료로 쓰는 문제이기도 하니까 부디 ICJ(국제사법재판소) 응소를 약속해 달라고 말한 데 대해 김부장은 그런 약속은 할 수 없다(라고 대답했다)."

일본 국회에서 야당이 여당을 공격할 때 독도를 거론한다는 사실을 당시 일본의 외상이 강조한 것이다.

이런 요구에 대해 한국은 "독도 문제는 한일회담의 현안이 아니기 때문에 현안이 마무리되고 국교가 성립된 후에 취급한다"라고 국제사법재판소 관련 이야기를 거부했다. 한국과 일본 회의록에 기록된 이 내용은 독도 문제가 한일회담의 중요한 이슈가 아니라고 말한다. 이는 일본이 독도 영유권을 그다지 중요하게 여기지 않았다는 증거이기도 하다.

같은 해인 1962년 11월 12일 열린 오히라 마사요시 외상과 김종필 KCIA(한국 중앙정보부) 부장의 회담에서 오히라는 "국교 정상화 후에 본건(독도 문제)을 국제사법재판소에 제소하니 이에 응하겠다는 것을 제발 약속해 달라"라고 간절히 요청하면서 "이 약속이 없으면 정부는 관계조약을 국민이나 국회에 당당하게 제시할 수 없다"라고 강조했다. 여기서도 일본은 독도 영유권을 거론하는 이유로 일본의 국민감정에 대한 대책이라고 밝혔다. 김종필 부장은 "제3국의 조정에 맡기길 희망한다. 제3국이 한일관계를 고려하면서 조정의 타이밍 및 내용을 탄력적으로 배려할 수 있을 것"이라고 답변했다.

일본은 답변을 받아들여 국제사법재판소와 김종필이 말한 조정 방식을 절충한 초안을 내놓았다고 회의록에 기록했다. 그러나 어떤 제안이었는지는 일본이 읽을 수 없도록 처리했기 때문에 알 수 없다. 다만 회의록을 통해 일본이 국제사법재판소만 고집하지는 않았다는 것과 나름 독도 문제를 해결해 국민을 설득할 수만 있으면 된다고 생각했음을 알 수 있다.

이후에도 일본은 절충안이 충분하지 않다며 독도 문제를 국제사법재판소에 부치자고 제안했다. 한국은 같은 해 12월 21일 "제3국에 의한 거중조정居中調停 이외에는 적당한 방법을 생각할 수 없다"라고 회답해 국제사법재판소에 독도 문제를 넘기는 것을 거듭 반대했다. '거중조정'은 제3국이 분쟁 당사국 사이에서 평화적 해결을 이루기 위한 조정 방법을 의미한다.

그 후 2년 4개월가량 독도 문제는 진전이 없었다.

그런데 1965년 3월 24일, 일본의 사토 에이사쿠 총리와 한국의 이동원 외무부장관이 회담을 가졌다. 이 자리에서 독도 문제가 오랜만에 공식적으로 거론되었다. 사토 총리는 "어업 문제, 재일한국인의 법적지위, 청구권 문제 등 3가지 안건의 초안이 결정될 무렵에 정치적 입장에서 독도 문제 해결을 목표로 하여 모든 것을 일괄 조인하고 싶다"라고 말했다. 여기서 사토 총리가 독도 문제의 '사법적 해결'이 아니라 '정치적 해결'을 주장한 것은 당시 일본이 국제사법재판소를 통한 사법적 해결보다 서로의 사정을 고려해 양보와 합의를 통한 조정 방식을 생각하기 시작했다는 뜻으로 해석된다.

1965년 4월 3일 사토 총리가 말한 세 가지 안건이 합의에 도달했다. 한일회담의 현안은 대부분 합의되었고 원래 현안이 아니었던 독도 문제만이 합의되지 않은 상태가 되었다. 이때부터 독도 문제에 대한 논의가 활발하게 진행됐다.

1965년 4월 13일에 열린 수석 대표회담에서 김동조 주일 한국 대사는 "앞으로 최대 난관은 독도 문제다. 일본의 국제사법재판소 회부 제안은 물론 '조정' 방안조차 한국에서는 받아들여지지 않고 있다"라고 일본에 말했다. 6월 5일부터 4일간 개최된 어업 회담 때도 "독도 문제의 금기사항 중 하나는 독도라는 명칭을 조약에 기재하는 일, 또 하나는 국제사법재판소 회부를 명기하는 일"이라고 강조했다. 한국 답변으로 독도 문제를 국제사법재판소에 부친다는 일본의 제안은 더욱 후퇴했다. 일본은 국제사법재판소를 제외한 제안을 본격적으로 생각하기 시작했다.

2. 일본의 중재안과 한국의 조정안

조인식을 5일 앞둔 1965년 6월 17일 일본은 '조약 해결에 관한 의정서 안'을 김동조 대사에게 제시했다. '의정서 안' 제1조는 다음과 같이 독도 문제에 대한 첫 번째 해결 방법을 제시했다.

> 양 체결국 간의 모든 분쟁은 오늘 서명된 모든 조약 및 협정에 대한
> 해석 또는 실시에 관한 분쟁 및 <u>다케시마에 대한 주권분쟁을 포함하</u>
> <u>여, 먼저 외교상의 경로를 통해 해결을 기도하기로 한다.</u>(밑줄은 필자)

제2조는 외교상 해결을 못 할 때 중재에 의한 방법을 제시했다. 중재란 독도 귀속을 명백히 명기하는 구속력이 있는 해결 방법이다. 일본이 제안한 중재 방안은 제3국과 당사국이 각각 중재위원 한 명씩을 뽑아 중재위원회를 구성해 독도 문제를 조사한 뒤 다수결로 결론을 내는 것이었다.

김동조 대사는 일본의 중재 방안이 독도라는 명칭을 거론했을 뿐 아니라 사실상 제3국의 생각만으로 독도의 귀속이 결정되므로 중재위원회의 구성 자체에 문제가 있다며 반대했다. 한국은 일본의 초안을 거부한 뒤 한국의 의견을 반영한 '교환공문' 초안을 일본에 전달했다. 초안은 '중재'가 아닌 '조정'을 해결 방식으로 삼았다.

> 양국 정부는 별도로 규정이 있는 경우를 제외하고 양국 간의 분쟁이
> 며 <u>외교상의 경로를 통해 해결할 수 없는 문제는 양국 정부가 합의하</u>

는 제3국에 의한 조정에 의해 그 해결을 도모하기로 한다.(밑줄은 필자)

조정은 그동안 거론되었고 사토 총리가 말한 '정치적 해결'에 가장 적합한 형태였다. 그러나 초안에 '독도'라는 명칭이 들어가는 것이 한국 입장에선 곤란했다. 그래서 독도라는 명칭을 삭제하고 일반적인 분쟁을 대상으로 하는 조정 방안을 작성한 것이다.

일본은 한국의 제안을 검토하기 시작했다. 조인식을 며칠 앞둔 시점에서 한국에 상당한 양보를 해서라도 한일협정을 모두 마무리하려는 자세를 보이기 시작한 것이다. 이 문제를 타결하기 위해 한일협정 조인식 하루 전에 이동원 외무부장관과 시이나 에츠사브로 외상이 한일외상회담을 가졌다. 이동원 장관은 다음과 같이 박정희 대통령의 지시사항을 일본에 전달했다.

> 박정희 대통령은 독도 문제를 한일회담의 의제 외로 하라고 지시하셨다. 그리고 본건은 한국 정부의 안정과 운명이 걸린 중대한 문제이므로 만약 한국이 수락할 수 있는 해결책이 나오지 않는다면 한일회담을 중지해도 좋다고까지 말씀하셨다.(밑줄은 필자)

이는 일본이 한국에 독도 문제를 더욱 양보하게 만드는 계기가 되었다. 박정희 대통령이 '본건은 한국 정부의 안정과 운명이 걸린 중대한 문제'라고 말한 이유는 당시 한국에서 한일협정 체결 반대를 외치는 시민들의 시위가 연일 격렬하게 벌어지고 있었기 때문이다. 그 사정을 일본도 잘 알고 있었다. '한국이 수락할 수 있는 해결책이 나오지 않는다면 한일회담을 중지해도 좋다'라고 한 말은 바로 한일회담을 중지하고 대표단을 귀국시키겠다는 뜻이었다. 깜짝 놀란 시이나 외상은 "일본은 다케시마를 포함하는 일괄 해결이 지상명령"이라고 답변했다. 한국이 회담 중지까지 거론하고 있는데 일본은 독도 문제를 포함해 한일협정이 타결되지 않으면 매우 곤란하다고 말한 것이다. 일본은 양보하지 않으면 안 되는 약자 입장에 서게 된 것이다.

우리는 그다음에 나온 이동원 장관의 말에 주목해야 한다. 그는 "일본에 있어서도 섬 자체의 가치에 실리가 있는 것은 아닐 테니 어쨌든 서로 국회에서 설명할 수 있는 방식을 찾자"라고 제안한 것이다. 이에 시이나 외상은 동의했다. 이동원 장관의 발언은 독도라는 섬 자체에는 가치가 없음을 양국이 합의한 상태였음을 말한다. 당시에는 독도를 얻어도 작은 섬 독도와 주변의 수역 12해리까지만 권리를 주장할 수 있다는 것 말고는 없었다. 그러므로 양국 대표들은 객관적 입장에서 볼 때 독도에 경제적, 상업적 가치가 없다는 데 암묵적으로 합의한 것이다.

1955년 1월 21일에 작성된 「일한 관계의 타개에 대해」라는 일본의 공식문서에도 이와 관련해 주목할 만한 내용이 있다. 문서 중 '다케시마 문제의 처리'라는 소제목이 붙은 부분의 내용은 다음과 같다.

> 일한 관계를 가로막는 또 하나의 문제인 다케시마 귀속 건은 지금까지 일한회담의 대상이 아니었을 뿐 아니라 한국은 그 섬이 한국령임을 국민에게 과시하고 있는 관계상 앞으로도 이 문제를 일한 간 논의 대상으로 한다는 것을 거부할 것으로 보인다. 이 섬은 사람이 살 수 없는 바위산이고 경제적으로 봐도 약간의 해산물(강치, 전복, 미역) 등을 채취할 수 있을 뿐인데.

문서는 독도 문제가 한일회담의 대상이 아니었음을 증명하는 동시에 가치 없는 섬이라는 일본의 입장을 보여준다.

이제 독도 문제에 대한 양국의 관심사는 각각의 국회에서 자국에 유리하게 해결되었다고 설명할 수 있도록 초안을 만드는 데 있었다. 다만 양국의 차이는 컸다. 우리나라는 매일 한일회담 반대 시위가 벌어졌기 때문에 한일회담이 결렬되어도 야당과 국민이 오히려 환영하는 상황이었다. 또한 대통령제인 한국에서 임기 중 정부가 교체되는 일은 생각하기 어려웠다.

하지만 일본은 달랐다. 일본 정부는 독도 문제와 평화선 문제를 확실히 해결해야 한다는 압박을 받고 있었다. 때문에 회담의 결렬은 정권에 대한 큰 타격이 아닐 수 없었다. 내각책임제인 일본은 6월 22일 독도 문제까지 포함한 모든 문제를 해결해 한일국교를 정상화하겠다는 큰 공약을 어기면 내각불신임안이 제출될 것이고 최악의 경우 총사퇴까지 고려할 상황에 몰릴 것이었다. 이처럼 일본보다 훨씬 유리한 입장에 선 한국이 마지막에 교환공문 초안 작성을 주도하게 되었다.

3. 일본의 중재 방식 포기

일본은 6월 21일 저녁에 회의를 했다. 한국이 조문에 '장래에 생길 분쟁'이라는 문구를 삽입해 분쟁의 범위를 앞으로 생길 것으로 한정하는 것만은 절대 받아들일 수 없다는 최종 결론을 내렸다. 후지사키 조약국장은 만일 중재를 삭제하고 조정으로 해결방법을 변경한다고 해도 한일 간에 '생길' 분쟁이라는 표현을 사용하는 것에는 강하게 반대했다. 그러나 이 부분의 회의기록도 일본이 모두 검은색으로 칠해 버려 볼 수 없도록 처리했다. 때문에 일본은 독도와 관련해 불리한 부분을 은폐한다는 의혹을 사고 있다.

교환공문에 관한 제2차 한일외상화담은 조인식 당일에 열렸다. 한국은 전날처럼 교환공문의 문언을 '양국 간에 생길 분쟁'으로 문장을 수정하는 동시에 '중재'라는 단어를 삭제할 것을 주장했다. 일본이 다른 대안을 제시하자 한국은 '양국 간에 생길 분쟁'을 일본이 받아들인다면 '중재'는 남겨도 된다고 발언했다. 이에 일본은 '생길'을 뺀 '양국 간의 분쟁'이라는 표현 외에는 생각할 수 없다고 하면서도 대신 '중재'를 삭제하고 '조정'만 기록하는 것은 어쩔 수 없다고 말했다.

결국 일본은 '생길'이라는 표현과 관련해 최종적으로 사토 총리에게 맡기기로 했다. 이 시점에서 일본은 '중재'라는 문구를 교환공문에서 삭제하고 '조정'만을 해결 방법으로 기록하는 쪽으로 마음을 굳혔다.

4. 교환공문 타결

조인식 당일 오후 4시 15분부터 20분간 사토 총리와 이동원 장관이 교환공문에 관한 최종회의를 가졌다. 회의록의 주요 내용은 다음과 같다.

① 이때 (일본 외무성) 사무당국은 조인용 교환공문으로서 '양국 간에 생길 분쟁'으로 기재된 공문과 '양국 간의 분쟁'으로만 기재된 초안 두 가지를 준비해 놓았다.

② 이동원 장관이 현재까지 일본의 제안은 원안에 비해 상당히 양보

해 준 것이지만 이에 더해 '두 나라 간에 생길 분쟁'이라는 식으로 '생길'을 삽입해 달라고 요청했다.

③ 사토 총리는 '다케시마(독도) 문제는 일본에 있어서도 큰 문제인데 지금까지 일본 초안이 자신의 예상을 뛰어넘어서 (많은) 양보를 했기 때문에 자신으로서는 불만이지만 대국적 견지에서 그것을 승인하기로 한 게 사실이므로 더 이상의 양보는 불가능하다'라고 말했다.

위의 회의록에는 중요한 내용이 포함되어 있다. 먼저 일본 외무성이 한국에 상당히 양보해 교환공문에 다케시마(독도)라는 명칭을 명시하지 않았다는 것을 확인했다. 그리고 일본 외무성 사무국이 '양국 간의 분쟁'이라는 문구가 들어 있는 초안과 '양국 간에 생길 분쟁'이라는 문구로 작성된 초안 두 가지를 준비해 총리의 결정을 기다렸다는 사실이다. 두 가지 초안을 준비했다는 것은 일본 외무성이 사토 총리가 '양국 간에 생길 분쟁'이라는 문구가 쓰인 초안을 선택할 가능성도 고려했다는 의미다. 사토 총리가 '양국 간에 생길 분쟁'이라는 문언을 받아들일 경우 사실상 일본이 독도를 완전히 포기했다고 인정하는 셈이 된다. 이 부분은 한국이 줄곧 요구해 온 내용이었기 때문에 일괄 타결되지 않으면 안 되는 일본의 입장으로서는 만일의 사태에 대비한 것이다.

그런데 일본은 국회에서 독도 문제는 장래 해결해야 할 과제로 남았다는 명분을 내세워야 하므로 우시로쿠 외무성 국장이 '양국의 분쟁'이라는 문구를 사용하는 초안을 채택하도록 사토 총리를 설득했다. 결국 합의된 「한일 양국의 분쟁을 해결하기 위한 교환공문」의 문구는 다음과 같다.

> **양국 정부는 별도 합의가 있는 경우를 제외하고 양국 간의 분쟁은 우선 외교상의 경로를 통해 해결할 것으로 하고, 이것으로 해결 못 한 경우에는 양국 정부가 합의하는 절차에 따라 조정에 의해 해결을 도모하기로 한다.(밑줄은 필자)**

1965년 일본은 독도를 포기했다

현재 한국은 독도 문제가 교환공문에서 제외되었음을, 일본은 포함되었음을 주장한다. 양국이 각국의 국회에서 설명하자는 데 합의힌 걸과다. 교환공문은 분쟁 해결 방법으로 '외교상의 경로'를 통한 방식과 그것으로 해결되지 않으면 양국이 합의한 절차에 따른 '조정' 방식을 합의하고 있다. 여기서 중요한 말이 '분쟁'이다. 한국이 독도를 분쟁지역이 아니라고 강조하면 일본은 교환공문 방식을 쓸 수 없다.

결국 일본이 교환공문에 독도 문제가 포함되니 이를 해결하자고 한국에 제의해도 그 방법이 성립되기 어렵다. 그러므로 일본 정부는 독도가 분쟁지역이라고 주장하며 현재에 이르렀다. 그렇지만 한국이 이에 동의하지 않을 것이니 결과적으로 독도를 일본 영토로 만들 가능성은 거의 없다. 일본은 한일협정 조인 당시 이러한 상황이 발생할 것을 알고 있었을 것이다. 일본이 독도를 사실상 포기한 것이 아니냐는 말이 나오는 것도 이 때문이다.

교환공문의 다른 분쟁 해결 방식인 외교상의 경로를 통하는 것은 한일 간에 독도 갈등이 일어날 때마다 양국이 시도한 방법이다. 한일회담의 결과 독도 문제가 일본에 불리하다는 것을 눈치챈 〈아사히신문〉은 1965년 6월 22일에 다음과 같은 기사를 실었다.

어려운 "분쟁 해결"

– 다케시마(독도) 문제 마감에 쫓겨 양보

한일교섭에서 마지막까지 남은 다케시마(독도) 문제가 정식 조인 전 아슬아슬하게 겨우 타결되었는데 이것은 스스로 마감시간을 설치해 놓고 그것에 맞춰 무리한 양보를 하지 않을 수 없게 된 전형적 예라고 할 수 있다.

미리 정한 정식 조인 기일인 22일에 이른 4일간 관계자들은 거의 수면시간도 없을 정도였다. 외무성 사무당국조차 "이런 교섭은 전대미문"이라고 할 정도로 정성을 다한 모양이었다. 그만큼 제한시간이 우선시되어 그것에 맞추기 위해 일본이 상당히 무리를 한 면이 많다.

다케시마는 그 예이다. 일본은 그동안 '여러 현안 일괄 해결'이라는 기본적 입장에 서서 국제사법재판소에의 제소를 주장했으나 한국이 전면적으로 반대했기 때문에 제3국 알선, 조정으로 태도를 바꿔 더욱 그것을 완화하여 '그 전에 단계로 외교 교섭을 둔다'는 데까지 양보했다. 그러나 한국은 다케시마는 한국의 영토이므로 귀속 문제는 한일교섭의 대상이 될 수 없다는 강한 태도로 일관했다. 이 때문에 일본은 양국의 합의문서 속에 '다케시마'의 글자를 넣는 것은 물론 경위도로 섬의 위치를 명시하는 것마저 단념했다. 게다가 '다케시마'라는 단어를 제외해 '양국 간의 미해결 현안'이라는 일반적인 표현으로 양보해 다케시마 문제에 한정된 형태로 합의하는 것조차 못했다.

결국 합의를 본 것은 '양국 간에서 일반 분쟁에 관해 특히 해결 방법이 별도로 정해진 것 외에는 분쟁 처리에 관한 원칙에 의해 해결한다'라는 일반적 분쟁 처리라는 결정이다. 정부가 그동안 국회 답변으로 되풀이한 '다케시마 문제에 대해 해결의 전망을 확실히 한다'라는 내용과는 상당히 먼 결과가 되었다.

이것으로는 한국이 다케시마는 한국 영토라는 태도를 견지하는 한 실제로 분쟁을 해결할 수 있는 전망은 극히 작다고 하지 않을 수 없다….

(《아사히신문》 1965. 6. 22일 자)

〈아사히신문〉은 양국이 정식 조인식을 6월 22일로 정해 놓고 교환공문에 대해 회의를 진행했기 때문에 무리가 있었고, 결과적으로 일본이 한국에 많은 양보를 할 수밖에 없었다고 보도했다. 일본의 양보 때문에 한국이 독도를 한국 영토로 주장하는 한 실제로 분쟁을 해결할 수 있는 전망, 즉 독도를 일본 영토로 만들 가능성이 극히 작다며 실망을 감추지 못했다. 1965년 6월 22일 일본 정부는 사실상 독도 영유를 포기한 것이다.

독도를 둘러싼 일본의 분위기

일본 정부는 한일협정의 국회 승인을 얻는 과정에서 야당 (사회당)의 격렬한 반대에 부딪혔다. 야당의 공격은 예리할 뿐 아니라 한일기본조약이 규정하는 독도 문제의 본질을 잘 지적했다. 일본 정부가 독도를 사실상 포기해 한국에 넘겨주었다고 공격한 것이다. 1965년 8월 4일 중의원 예산위원회 회의록의 질의응답에 실려 있다. 사회당의 노히라 가쿠 예산위원은 시이나 외상에게 독도 문제에 관해 물었다.

노히라 의원(이하 노히라) 외무성이 출판한 〈세계의 움직임〉 8월호 (No. 161)인데, 이 책은 정보문화국이 내는 책이다. 이 책에 이렇게 쓰

여 있다. "우리 국민이 큰 관심을 갖고 있는 다케시마 문제나 그 외 양

국 간 분쟁은 외교 경로를 통해 해결하는 것으로 했고 그것으로 해결

되지 않을 경우에는 양국 합의라는 절차를 거쳐 조정으로 해결하는

것으로 했다." 이대로입니까?

시이나 외무대신(이하 시이나) 그렇습니다.

노히라 그렇다면 지금 외무대신의 답변은 아마도 이 문제를 분쟁 해

결에 관한 교환공문으로 처리된다고 말씀하셨다고 생각한다. 이것은

한국도 양해했습니까?

시이나 이 교환공문의 세세한 부분에 대해서 양쪽이 완전히 합의한

상태입니다.

노히라 다시 한 번 여쭙겠습니다만 다케시마 문제는 - 독도라고 해도

좋다. 하여튼 다케시마 문제, 이 분쟁은 분쟁 해결에 관한 교환공문으

로 처리된다는 것을 양해한다고 한국이 어떤 형태로 의사표시를 했습

니까? 어떤 형태로? 말씀 부탁드립니다.

시이나 (한국이) 양해했다고 우리는 이해합니다.

여기까지의 노히라 의원이 한 질문의 핵심은 독도가 분쟁 해결을 위한 교환공문에 의해 처리되는 데 양국의 완전한 합의가 있었느냐는 데 있다. 시이나 외상은 그렇다고 답변했지만 노히라 의원은 다음과 같이 반박했다.

노히라 그 근거가 되는 것을 내세요. 어디서 이동원(한국 외무부장관)이 양해했다고 했는지, 그렇지 않으면 당신이, 한국이 이 교환공문으로 (독도 문제도 해결) 한다고 양해한 근거가 되는 것을 제시해 주시기 바란다.

시이나 외교 교섭은 극히 복잡하게 다방면에 이르는 법입니다. 결국 양자의 합의가 이 문언에 응축되었다, 이렇게 아시기 바랍니다.

노히라 6월 22일 조약의 정식 조인이 있었고 6월 24일 이동원 외무부장관은 다음과 같이 말했습니다. 모든 신문이 보도한 내용이다.
"독도 문제에 대해서는 절충할 의향은 없다. 독도는 분쟁 처리의 교환공문에서는 처리되지 않는다는 것을 의미한다. 분쟁의 해결에 관한 교환공문에서는 처리되지 않는다."
당신도 틀림없이 신문을 읽었을 것이다. 당신이 말하는 내용과 이동원 외무대신이 말하는 내용이 다르지 않나. 어떻게 된 것인가? 이것은.

노히라 의원은 한국이 한일 간 합의한 교환공문에 의해 독도 문제를 해결한다고 이해하고 있다는 근거를 요구했다. 시이나 외상은 증명할 수 있는 문서가 없다고 답변했다. 그러나 교환공문의 규정에는 독도 문제도 포함된다고 강조했다. 야당의 질의에 일본 정부가 할 수 있는 말이 없었음을 알 수 있다. 노히라 의원이 지적한 이동원 장관의 인터뷰는 다음과 같다.

> "앞으로 독도 문제를 제3국의 중재 또는 국제사법재판소로 넘기기로 했다는 보도가 있는데…."
> "독도 문제에 대한 정부로서의 태도는 시종일관된 것이다. 명백히 외상회담의 의제로도 취급되지 않았으며 앞으로 어떻게 하겠다는 묵계도 없다. 발표된 이외의 비밀은 이번 조약 또는 협정에 하나도 없다."
>
> 《동아일보》 1965. 6. 25일 자)

기사에서 이동원 장관은 독도 문제가 외무회담의 의제가 되지도 않았다고 말한다. 사실 독도 문제는 처음 한일회담의 의제가 아니었다. 그러나 일본이 계속 독도 문제를 거론해 의제처럼 만들어버렸다. 이동원 장관은 한국에서 한국 영토인 독도가 분쟁지역인 것처럼 외무회담의 의제가 되었다고 하면 국내에서 강한 비판이 일 것을 생각해 거론도 되지 않았다고 대답한 것으로 보인다.

일본의 〈아사히신문〉도 마찬가지로 한일협정 조인식 후 이동원 장관이 인터뷰한 내용을 기사로 실었다.

사토 수상과 집단보장을 논의함

이 한국외무부장관 귀국담화 … 회견의 내용은 다음과 같음.

1. 본 조인은 국가권익을 최대한 보장한 것으로 나라와 국민 앞에 부끄럽지 않다. 그 선악에 대해서는 역사가 심판해 줄 것이다. 발표 외에 밀약은 없다. 1. 독도 문제는 양국의 합의가 없는 한 절충할 의향이 없다. 공동성명 속의 평화적인 분쟁 처리를 강조한 부분은 독도 문제에 관해서 한 말이 아니다. 1. 국회 비준(승인)은 협정 자체가 훌륭한 것이므로 정치적 견지보다 국가적 입장에서 협조해 주었으면 싶다. 비준 후 사토 수상의 방한을 요청했으나 박 대통령의 일본 방문을 공식으로 의론한 적은 없다. 그리고 군사적인 동맹의 이야기는 없었으나 아시아 집단안전보장에 대해 이야기를 나누었다.

《아사히신문》 1965. 6. 25일 자)

기사에서 이동원 장관은 양국의 합의가 없는 한 독도 문제를 절충할 의향이 없다고 먼저 말했다. 교환공문의 내용과 같다. 분쟁이 생길 경우 우선 외교상의 경로로 해결해야 하지만 그것이

안 될 경우 절차에 대해 양국이 합의해야 한다. 이는 양국 간 합의가 이루어지지 않으면 조정에 들어가는 것 자체가 어렵다는 뜻이기도 하다. 또한 이동원 장관이 '공동성명 속의 평화적인 분쟁 처리를 강조한 부분은 독도 문제에 관해서 한 말이 아니다'라고 말한 것은 독도가 분쟁지역이 아니라는 말과 같다.

노히라 의원은 한일기본조약의 조약문이나 한일협정의 협정문에 독도(다케시마)라는 말이 없다고 지적했다. 또한 교환공문으로 문제를 처리하기 위해 외교 교섭이나 조정을 하려고 해도 한국이 응하지 않으면 어떻게 할 것인지, 응하게 할 수 있는 보장이 있는지 물으며 일본 정부를 압박했다. 독도 문제에 관한 외교 교섭이나 조정에 한국이 응하지 않을 가능성이 높다는 것을 파악한 것이다.

또한 한국은 독도를 자신들의 고유 영토로 여기기 때문에 한일 회담 의제에서 제외했다는 발표를 담은 《한국회담 백서》를 소개했다. 노히라 의원은 한국의 합의가 없는 한 독도 문제는 미해결로 남는다며 정부는 독도가 일본 영토라는 것은 포기한 것이 아니냐며 강력히 추궁했다. 그의 결론은 '일본이 독도를 되찾을 근거가 없다'라는 것이었다. 그리고 이는 현재 한국의 논리와 거의 일치한다. 일본의 야당이 한국의 논리를 대변해 준 셈이다.

분쟁 유무의 의견 차이야말로 분쟁

1965년 8월 4일 일본 국회의 중의원 예산위원회에서 독도 문제로 여야가 공방을 벌이던 중 사토 에이사쿠 총리가 교환공문으로 독도 문제를 해결하는 데 한일 간 합의가 없었음을 사실상 인정하는 발언을 했다. 노히라 국회의원과 시이나 외상 사이에서 벌어진 논쟁에 끼어들면서 한 발언이었다.

"그런데 지금 거론 중인 분쟁 처리규정은 양국 간 정말로 합의에 이른 사항입니다. 그리고 그때 다케시마 문제에 대해 한국의 주장이 매우 명백하게 밝혀졌습니다. 그래서 시이나군은 몇 번이나 우리나라 외무대신의 말을 신뢰해 달라며 분쟁 해결 방법은 여기에 따르게 되어 있다고 말한 것입니다. 그래서 묻고 싶습니다만, 제가 질문하는 게 이상하지만 이렇게 (한일 간) 의견이 다르다는 것 혹은 다른 게 아닌가 하고 생각하는 것 자체가 분쟁으로 볼 수 있는 것이 아닌가요? 이것을 분쟁이 아니라고 할 수 있는지, 아니면 분쟁이라고 할 수 없는지에 문제가 있다고 생각합니다. … 그리고 한 측이 자신의 입장을 모두 주장하는 것은 당연한 일입니다. 저는 그것을 그대로 승인하면 분쟁은 없어진다고 생각합니다."(밑줄은 필자)

지리멸렬한 사토 총리의 발언은 독도 문제가 한국에 유리하게 처리되었음을 증명한다. 발언을 달리 말하면 한국은 독도가 분쟁이 아니라고 하고 일본은 독도를 분쟁지역이라고 하는데, 이런 의견 차이가 존재한다는 것 자체가 분쟁이라 할 수 있다는 것이다. 발언의 핵심은 한일 간 의견 차이가 있다는 부분이다. 한국은 교환공문에 독도 문제가 들어가지 않았다고 하고 일본은 들어가 있다고 하며 입장이 다른데, 이런 의견 차이가 바로 분쟁이라는 것이 총리의 논리다.

사토 총리의 답변은 본질에서 벗어났지만 당시의 한일교섭의 본질을 지적했다. '한일 간에 독도가 분쟁지역이라는 합의가 전혀 없었다'라는 것을 극명하게 보여주는 답변인 것이다. 교환공문으로 독도 문제를 처리하려면 일본은 독도가 '분쟁지역'임을 증명하지 않으면 안 되는 상황이 된 것이다. 한일회담에서 한국이 얻어낸 외교적 승리이자 일본의 뼈아픈 외교적 패배였다.

현재도 한국은 '독도 문제란 없다'라는 입장이고 일본은 '있다'라고 주장한다. 양측의 견해 차이를 인정한 것이 사토 총리의 발언이었다. 이 발언에 이어서 계속된 노히라 의원과 시이나 외상의 논쟁은 당시 일본의 독도 문제 해결 방안이 무엇이었는지 알려준다.

노히라 합의 회의록은 없습니까? 이 교환공문에 관한 합의 회의록은?

시이나 없습니다. 없습니다.

노히라 합의 회의록이 없다면 근거가 되는 것은 아무것도 없다는 얘기입니다. 왕복 서한도 없습니다. 공문서가 아무것도 없다면 근거는 없다. 지금 총리대신이 분쟁, 분쟁이라고 말씀하셨지만 일본은 분쟁이라고 말하면서 이 교환공문을 근거로 꺼낸다고 해도 저쪽은 분쟁이 아니라고 한다. 다케시마는 (교환공문 대상에서) 제외되었다, 이렇게 주장할 겁니다.

합의 회의록이 없다면 노히라 의원의 말처럼 독도 문제가 분쟁이라는 합의도 없었다는 것이다. 또한 일본은 한국이 교환공문에 독도 문제가 포함되지 않았다고 주장해도 할 말이 없는 것이다.

일본 정부는 한국에 독도 문제를 양보했다는 말이 무성하게 나오자 불을 끄는 데만 급급했다. 사토 총리는 1965년 9월 26일 열린 국정에 관한 공청회에서 독도 문제를 거론했다. 이때도 한일 간 의견의 차이가 있고 독도 문제가 분쟁이라는 데 합의가 없음을 인정했다. 또한 일본 정부와 국민이 독도가 일본 영토라는 데 어떤 의심도 품지 않는 것처럼 한국도 독도를 한국 영토라고 주장한다며, 이렇게 서로 다른 주장을 내세우는 곳에 분쟁이 존재한다고 말했다. 사토 총리의 논리는 양국이 '분쟁'이라고 합의하지 않은 상태 자체가 '분쟁'이라는 엉터리 논리다. 이 '분쟁'을 외교 수단으로 해결하자는 것이 양자가 논의한 내용일 뿐 한국이 일본에 독도 문제를 포기해 달라고 교섭했고 이를 일본이 승낙했다는 것은 말이 안 된다고 덧붙였다. 반대로 이 섬이 일본 영토이니 한국은 이것을 승낙해 달라는 교섭이 있었던 것도 아니라고 말했다. 이 문제는 양쪽의 의견이 일치하지 않기에 앞으로 해결할 방안을 논의하자는 뜻에서 협정을 만들었고 이를 기록했다는 것이다.

그러나 사토 총리의 말과 달리 양국은 교환공문에서 앞으로 독도 문제를 논의한다는 합의를 하지 않았다. 어디까지나 양국 국회와 국민에게 설명하기 위해 교환공문을 작성한 것 이상도 이하도 아니었다. 국회와 국민에 설명해야 한다는 책임 때문에 일본은 오히려 교환공문의 한계를 계속해서 드러내고 있었다.

그런데 독도 문제에 대한 야당의 격렬한 반박에 밀린 일본 정부가 '독도는 객관적인 분쟁사항'이라는 의견서를 국회에 제출했다. 1965년 10월 8일 〈요미우리신문〉은 다음과 같이 일본 정부(외무성)의 태도를 보도했다.

외무성은 한일조약 협정승인 문제에 관해 전 국회에서 야당으로부터

추구 받은 다케시마 문제에 관해 6일 동 자료를 국회에 제출, 8일 동
성(외무성)에서 그 내용을 밝혔다. … 내용 중 주된 것은 다음과 같다.
1. 다케시마 영유권은 십수 년에 걸쳐 양국이 논쟁해 온 것이므로 양
국 간에 다케시마를 둘러싼 분쟁이 있음이 객관적인 사실이다. 1. 교
환공문에도 '특별한 합의가 있을 경우를 제외하고 양국 간의 분쟁은'
이라는 문구가 있는데 '특별한 합의'가 없는 다케시마가 동 공문에 따
라 해결되어야 함이 분명하다. … 한일 간 분쟁 해결에 관한 '특별한
합의'는 존재하지 않는다. 1. 국가 간 분쟁이 존재하느냐 하지 않느냐
는 문제는 객관적으로 결정되어야 하므로 한국이 일방적으로 분쟁이
존재하지 않는다고 주장하여도 그런 주장이 인정받지 못한다는 것은
국제사법재판소의 의견, 판결에 의해서도 분명하다.

《요미우리신문》 1965. 10. 8일 자)

일본은 독도 문제가 한일 양국이 십수 년간 논쟁해 온 문제인
만큼 객관적으로 분쟁사항이라고 주장했다. 그러므로 교환공문
이 말하는 '특별한 합의'가 없으므로 교환공문 방식, 즉 '외교상
의 경로' 혹은 '조정'으로 해결되어야 하며, 한국이 아무리 독도
에는 분쟁이 존재하지 않는다고 하더라도 그런 주장은 객관적으
로 인정받지 못한다고 강조했다. 달리 말해 일본은 외교상의 경
로와 조정 외에는 독도 문제를 해결할 방법이 없다고 주장한 것

이다. 그런데 야당의 공세에 밀린 시이나 외상은 위와 같은 기사가 나간 지 8일 만에 국제사법재판소 등을 거론하기에 이르렀다. 1965년 10월 16일 중의원 본회의에서의 일이었다.

시이나 외상 다케시마 분쟁에 대해서는 정부가 이미 '분쟁 해결에 관한 교환공문'에서 분명히 밝힌 방침대로 평화적 해결의 길을 열었습니다. 즉 분쟁 문제에 대해 특별한 합의가 없는 한 외교상 경로를 통해 해결한다, 만약에 그럴 수 없는 경우에는 양국의 합의에 따라 조정 방법을 택한다는 것입니다. 예상은 어렵지만 머지않아 이 조약이 유효하게 성립돼 양국의 국교가 정상화되어 교류가 시작되고 대립관계가 온화해지면, 이 문제를 제기해 합의에 이르는 노력을 하고 싶습니다. 물론 조정에 의한다고 쓰여 있지만 조정에 의하기로 한정시킨 것이 아니므로 만약 여러 장애가 있다면 처음으로 돌아가 국제사법재판소라든가 혹은 국제 중재 방법을 택한다든가 하는 방법이 있습니다. 다만 근본은 양측의 기분과 형편의 문제이니 상황이 더 정리되기 전에 해결 방법을 채택하는 것은 오히려 문제를 악화시킬 수 있으니 이 문제는 신중히 실시하고 싶습니다.(밑줄은 필자)

시이나 외상은 교환공문에 없는 국제사법재판소나 국제 중재에 넘겨 독도 문제를 해결할 수도 있다는 말을 꺼냈다. 이들 방법은 교환공문 합의 과정에서 이미 제외된 것이다. 그럼에도 야당의 질문공세에 밀려 다시 꺼낸 셈이다. 교환공문 합의 전 일본은 국회에서 당당하게 설명할 수 있도록 국제사법재판소에 응소하겠다는 약속을 한국에 요청했다. 그러나 한국은 거부했다.

시이나 외상이 다시 꺼내 든 국제사법재판소 방식과 중재는 절대적으로 한국의 동의가 필요하다. 그러므로 '독도 문제는 분쟁'이라는 한일 간 합의가 없다면 일본은 독도 문제를 두고 한국과 어떤 이야기도 할 수 없게 되었다. 그것은 현재도 마찬가지다.

03

한국과 일본의
영토 문제

12년 만에 독도가 일본 땅이라 주장한 일본

 1970년 이후 배타적 경제수역을 200해리까지 주장하는
나라가 증가했다. 자국의 영토로부터 200해리까지 어업권과 자
원권을 독점하겠다는 것이다. 이미 1940년대부터 미국, 중남미
국가 등이 일방적으로 선포했으며 한국의 평화선도 그 일종이었
다. 우리나라는 1965년 한일협정 중 하나인 '한일어업협정'으로
일본과 수역에 관해 합의하면서 평화선을 철회했다. 이후 일본은
한동안 독도에 대한 영유권을 주장하지 않았다. 그러나 배타적
경제수역을 200해리까지 늘리는 것이 세계적인 추세가 되자 다

시 독도를 일본 영토라고 주장하기 시작했다. 한일어업협정 이후 12년 만의 일이었다.

당시의 후쿠다 다케오 일본 수상은 세계적으로 배타적 경제수역을 200해리로 선포하는 추세에 따라 독도는 일본 영토이므로 그 섬을 기준으로 동해에 200해리를 설정해야 한다고 주장했다. 이때부터 독도 문제는 어업권과 해저자원의 문제가 되었다. 그러나 한국과의 어업협정이 있었기 때문에 일본은 이 문제를 고려하겠다는 입장에 머물렀다.

신해양법 발효와 신어업협정

1994년 유엔 총회에서 배타적 경제수역EEZ 200해리를 골자로 하는 '신해양법'이 발효되었다. 신해양법은 1982년 제3차 유엔해양법회의에서 채택된 뒤 오랜 토의 끝에 발효된 것이다. 이를 계기로 일본은 독도를 배타적 경제수역의 기점으로 내세우기 위해 일본 영토라는 주장을 되풀이하기 시작했다. 현재의 독도 문제는 신해양법에서 촉발된 문제라고 할 수 있다.

우리나라는 군사정권 시대가 끝나면서 해방 50주년이자 한일 국교정상화 30주년을 기념해 1995년 '일제유산 청산 정책'을 추진했다. 그 중심은 경복궁 정문에 자리한 옛 조선총독부 건물을 철거하는 작업이었다. 이런 분위기가 지속되는 중에 1996년 일본 수상이 된 하시모토 류타로는 일본 중의원 예산위원회에서 200해리 배타적 경제수역 설정에서 일부 지역을 제외하는 것은 고려하고 있지 않다"라며 독도를 일본의 배타적 경제수역의 기점으로 내세울 것을 언급했다. 얼마 후 제주도에서 김영삼 대통령과 하시모토 수장의 한일 정상회담이 개최되었다.

정상회담에서 하시모토 수상은 독도를 일본의 배타적 경제수역 200해리의 기점으로 내세울 수 있다고 언급했다. 그러자 김영삼 대통령은 "독도는 우리 땅이므로 그런 말은 하지 마세요"라고 반발했다. 다음날 많은 신문에 두 대표가 정상회담에서 서로 등을 돌린 사진이 실렸다. 이 정상회담 이후 한일 양국에서 독도 문제가 큰 이슈로 주목받았다.

한국은 1997년 11월 독도에 500톤급 선박이 정착할 수 있는 길이 80m, 진입통로 100m의 접안시설과 20m의 간이 접안시설을 완공했다. 이 사실을 알게 된 일본은 맹렬히 항의했다. 1965년 한일협정 이후 독도를 천연기념물로 지정해 개발하지 않는 것이 한국의 기본입장이었지만 원칙이 깨진 것이다.

이에 일본도 급속도로 배타적 경제수역 200해리 문제를 한국과 합의하겠다는 방향으로 움직였다. 1998년 1월 일본은 1965년 6월에 맺은 '한일어업협정'을 일방적으로 파기하기에 이르렀다.

'한일어업협정'에는 체결국 중 한쪽이 협정을 일방적으로 파기하면 1년 이내에 새로운 어업협정을 맺으면 된다는 규정이 있었다. 그러므로 파기 행위 자체는 위법이 아니었다. 그러나 신해양법이 불러온 문제인 자국의 배타적 경계수역 200해리를 어떻게 해결하느냐는 문제는 일본이 주도하면서 시작되었다.

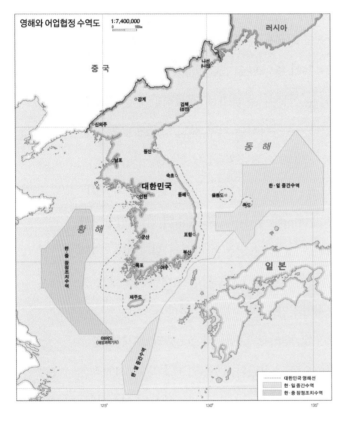

그림 7 한일 중간수역

그리하여 교섭이 시작된 지 1년이 지난 1999년 1월 한일 양국은 '신어업협정'을 체결했다. 그런데 이때 독도 주변 수역에 관해 양국의 합의가 이루어지지 않아 중간수역인 공동관리수역으로 설정되었다. 한국이 '한일 중간수역'으로 부르는 이 수역은 정식으로는 '한일 공동관리수역'이라고 부른다. 이 수역 안에서는 모든 것을 양국이 공동으로 합의하면서 관리해 나간다는 뜻이다.

'한일 신어업협정'의 문제점

　　일본은 독도가 일본 영토라며 배타적 경제수역 200해리를 주장했다. 또한 이를 기점으로 울릉도와 독도 사이에 배타적 경제수역의 선을 긋자고 한국에 요구했다. 한국은 독도가 한국 영토임이 틀림없으나 식수가 많이 나오지 않아 사람이 거주하기 어려운 바위섬이므로 기점으로 내세울 수 없다고 주장했다. 그러므로 배타적 경제수역의 기점을 울릉도와 오키섬으로 하자고 제안했다.

　신해양법은 사람이 거주할 수 없는 바위섬을 배타적 경제수역의 기점으로 내세울 수 없다고 규정한다. 독도에서 식수가 나오는 곳은 서도 일부로 한정되어 있다. 하루에 나오는 식수의 양은 5ℓ 정도로 한 사람이 마시고 살기에도 부족하다. 현재 독도에는 약 40명의 울릉도 경찰관과 김성도 씨 부부가 거주하고 있으나, 그들의 식수는 울릉도로부터 운반하고 있다. 다른 용도로 사용하는 물은 해수를 민물로 정수하는 시설을 활용한다. 독도에서의 생활이 쉽지만은 않은 것이다.

그런데 울릉도와 오키섬 사이에 선을 그을 경우 독도가 울릉도와 가까워 결과적으로 독도는 한국 수역에 들어온다. 한국은 이런 점을 고려해 제안한 것이다. 그렇게 하면 동해가 일본 바다와 한국 바다로 비교적 공평하게 나누어진다는 장점도 있었다.

일본은 한국 제안을 검토했으나 끝내 거부했다. 독도를 섬이라고 주장하며 일본의 배타적 경제수역의 기점으로 내세웠다. 규정에 있는 1년이라는 기간 안에 합의가 이루어지지 않아 독도 주변은 중간수역(공동관리수역)이 되었다. 이후 한국도 독도를 다시 한국 수역의 기점으로 내세우기로 정책을 일부 수정했고 계속해서 합의가 이루어지지 않아 현재에 이르렀다.

중간수역 설정으로 한때 한국에서는 독도 영유권에 금이 갔다는 주장이 흘러나오기도 했다. 그러나 어업협정이란 주로 양국의 어장 수역을 결정하는 것이지 영토 조약이 아니다. 그러므로 한일 양국 어느 쪽이든 다시 일방적으로 '한일 신어업협정'을 파기할 수 있다. 어업협정 자체가 영토와 관련이 있는 것은 사실이지만 배타적 경제수역은 영해가 아니다. 영해는 어디까지나 영토로부터 12해리까지를 말한다. 현재 독도 주변 12해리는 한국이 영해로 지키고 있고 일본은 그것을 인정하지 않을 수 없는 상황이다.

되풀이되는 일본의 도발

2005년 시마네현 의회는 '시마네현 고시 40호'를 통해 1905년 2월 22일 독도를 시마네현 오키섬 관할로 편입시킨 지 100년이 되었다고 공표했다. 그리고 이대로 한국의 독도 실효 지배를 인정하면 영원히 한국 영토가 될 것이라고 주장했다. 이를 막기 위해 매년 2월 22일을 '다케시마의 날'로 정해 독도 영유권을 주장하자며 법안을 통과시켰다.

이 소식에 한국이 크게 반발하면서 독도 문제는 새로운 국면을 맞이했다. 이후 한국은 독도 수호를 강화했고 독도를 관할하는 경상북도는 시마네현과의 자매 관계를 끊고 그들과의 교류를 중단했다. 그리고 1년 뒤인 2006년 4월 일본은 독도 영해 12해리 안에 일본 순시정을 보내겠다고 일방적으로 통보했다. 일본은 독도 주변이 중간수역이고 형식적으로는 공동관리수역이므로 독도 주변 12해리를 한국의 영해로 인정할 수 없다는 논리를 내세운 것이다. 당시 관방장관이었던 아베 신조가 독도 영해 침범을 직접 지휘했다. 독도 문제를 침략이라는 방법으로 해결하려 한 것이다.

일본 해상자위대 소속 순시정 두 척이 독도 영해 침입 명령을 기다리면서 일본 오키섬 연안에서 대기했다. 이에 한국은 일본을 향해 강화도 사건 수법이라고 비난하며 경비정 16척을 독도 12해리에 배치하기로 했다. 노무현 대통령은 일본의 도발에 격노해 "만약 일본 순시정이 독도 영해로 들어오면 한국의 경비정이 양쪽에서 접근해 부셔버려라!"라고 지시했다고 한다. 1965년 한일 국교정상화 이후 처음으로 일본이 한국의 독도 영유권을 물리적 충돌로 훼손하려고 기도한 사건이었다.

일본이 도발한 물리적 군사 충돌 위기에 많은 사람들이 해결을 위해 움직였다. 결국 양국의 외교차관이 긴급회의를 갖고 일단 위기를 해결했다. 일본 순시정은 기상 악화를 이유로 일본으로 귀항했다.

이 사건은 일본이 독도 영해에 침입하겠다고 노골적으로 도발한 것을 한국이 물리친 것으로 볼 수 있다. 동시에 한국이 독도 영해를 지켜낸 이 사건은 일본이 다시 독도에 대한 한국의 실효 지배를 인정한 결과를 초래했다. 일본 스스로 독도 영해로 자국의 배가 들어갈 권리를 포기했기 때문이다.

2006년 9월 일본의 독도 영해 침범을 지휘한 아베 신조가 일본

수상이 됐다. 그는 일본의 모든 교과서가 애국심을 벗어난 내용을 담을 수 없도록 '교육기본법'을 개정했다. 이후 일본 교과서에는 '다케시마가 일본의 고유 영토'라는 내용이 실리기 시작했다.

독도 문제가 다시 심각해진 것은 2008년이었다. 5월 18일 자 〈요미우리신문〉은 "일본 정부가 중학교 사회과 교과서 신 학습지도요령에 다케시마가 일본 영토라고 명기할 예정"이라고 보도했다. 한국에서는 반대 여론이 퍼졌다. 일본은 2008년 7월 중학교 사회과 교과서 신 학습지도요령에 "독도의 영유권에 있어 한일 간 이견이 있다"라고 기재했다. 이는 한국을 배려한 결과라는 것이다. 그럼에도 '이견이 있다'라는 것은 독도가 분쟁지역임을 나타내는 표현이므로 한국은 수용할 수 없었다. 한일 간 독도 문제가 다시 심각해지기 시작했다.

2008년 7월에는 또 다른 독도 문제가 발생했다. 줄곧 독도의 주권국가를 '한국'으로 기재해 온 미국 지명위원회BGN가 갑자기 '미지정undesignated'으로 바꿔버린 것이다. 일본 교과서도 문제였지만 미국의 권위 있는 기구가 독도를 주권 미지정 지역으로 변경해 버린 것은 한국으로서는 큰 타격이었다. 당시 한국은 미국 지명위원회에 원상회복을 요청했으나 거절당했다. 이미 결정된 사항이라는 답변만 돌아왔다.

일본이 물밑에서 로비한 결과였다. 비상에 걸린 한국은 대통령

명의로 미국의 부시 대통령에게 직접 원상회복을 요청하는 서한을 보냈다. 한국은 일본의 영토 문제 중 독도 문제만 '분쟁'으로 할 수 없다는 논리를 펼쳤다. 중국과 일본 사이의 센카쿠 열도 문제도 분명한 분쟁인데 독도만 분쟁지역을 이유로 주권을 미지정으로 변경하는 것은 부당하다고 주장했다. 미국은 이 주장을 받아들였다. 미국 지명위원회가 근거 없이 혹은 이중 잣대로 한국이 실효 지배하는 독도만을 분쟁지역으로 여긴다면 공평성이 무너진다고 인정한 것이다. 부시 대통령은 "같은 기준을 적용해 원상회복해야 한다"라고 최고 권위자로서 명령했다. 이런 과정으로 한국은 역사적 위기를 면할 수 있었다.

한편 일본의 반응은 매우 실망적이었다. 일본 국민은 결국 독도의 주권국가가 지금껏 한국이었고 잠시 미지정이 되었다가 다시 한국으로 복귀하는 과정을 지켜보면서 다시금 독도가 한국 영토임을 알게 되었다. 미국 지명위원회는 미국의 견해를 반영한 기구다. 그러나 실효지배까지 포함해 현재의 주권 상황을 보여주는 객관성을 가지고 있다는 평판 때문에 그 영향력은 매우 크다. 미국에 거주 중인 한국 학자들은 이런 사태의 배후에 일본이 있었음을 증언했다. 다시 이런 사태가 일어나지 않도록 한국은 외교에 있어 최대한의 노력을 기울여야 할 것이다.

2008년 8월 말 한국은 독도에 있어서 '조용한 외교'에서 '차분

하고 단호한 외교'로 방향을 변경했다. 이명박 대통령은 동북아역사재단에 '독도연구소'를 신설하기로 했고 독도 외교를 강화하는 의지를 보였다. 이후 한일 간 독도 문제가 미국의 개입으로 보다 국제적인 양상을 띠기 시작했고 일본에서는 독도를 일본 영토라고 말하는 중학교 사회과 교과서가 많이 등장하기 시작했다.

한국 대통령의 독도 방문과 국제사법재판소

2012년 8월 10일 이명박 대통령이 한국 대통령으로는 처음 독도를 방문했다. 독도는 한국 영토이므로 한국인이라면 누구나 독도를 방문할 수 있는데, 일본은 매우 격한 반응을 보였다. 독도 방문에 이어 이명박 대통령의 "일왕이 한국에 오고 싶다면 한국의 독립 운동가들에게 진심으로 사과해야 한다"라는 발언까지 이어지자 일본 우익단체들이 도쿄의 한국대사관 앞에 모여 격렬한 시위를 벌였다.

일본은 8월 24일 '영토국회'라고 이름을 붙인 임시국회를 열어 독도가 일본 영토인 이유를 말하면서 한국에 독도 문제를 국제사법재판소에 공동으로 응소하자고 제의했다. 한국이 응하지 않을 때에는 일본이 단독으로 한국을 국제사법재판소에 제소할 것이라고도 강조했다.

이후 일본은 정권이 바뀌면서 외교적으로 독도 문제를 크게 거론하지 않았다. 한일 양국이 한일관계를 개선하려는 노력을 시작했고 갈등 문제를 신중하게 다루기 위해 서로 태도를 조금씩 바꿨기 때문이다.

그렇다면 국제사법재판소가 독도를 다루는 문제를 생각해 보자. 우선 한국이 독도 문제를 분쟁으로 인정해서 국제사법재판소 회부를 승낙하지 않는 이상 재판은 열릴 수 없다. 한국은 국제사법재판소의 관할권을 받아들인 나라가 아니기 때문이다. 따라서 한국은 일본의 도발에 응하지 않아도 되는 국제법상의 권리가 있다.

그러나 만약 잘못해서 독도 문제가 국제사법재판소에 넘어간다면 어떻게 될까? 단 한 번의 재판으로 판결이 난다. 국제사법재판소에는 상고제도가 없기 때문이다. 그러나 판결을 바꿀 만한 새로운 증거가 나올 경우에는 그 증거를 포함해서 다시 심리할 수는 있다.

국제사법재판소의 판결이 나면 독도가 한국 영토인지 일본 영토인지 결정된다. 이때 양국이 승낙하면 분쟁은 끝나지만 패배한 쪽이 결과를 승낙하지 않을 경우 문제가 발생한다. 이때는 국제사법재판소의 판결에 따르도록 권고한다. 그래도 따르지 않을 경우에는 유엔 차원의 제재가 가능하다. 국제사법재판소의 판결은 구속력을 갖는다.

그런데 여기에도 함정이 있다. 유엔 차원에서 제재를 할 때는 유엔 안전보장이사국인 5개국이 모두 제재에 찬성해야 한다. 한 국가라도 제재에 반대하면 국제사법재판소의 판결에 대한 불복이 성립된다.

그러므로 국제사법재판소 제도는 분쟁을 해결하기 위한 완벽한 제도라고 보기 어렵다. 실제로 어느 안전보장이사국을 상대로 제기된 재판이 안전보장이사국의 패배로 판결이 나도 패배한 안전보장이사국이 거부권을 행사하면 불복이 성립된다. 즉 안전보장이사국이 득을 보는 구조가 국제사법재판소 시스템이다.

1984년 니카라과가 국제사법재판소에 미국에 대한 소송을 제기한 '니카라과 사건' 당시 국제사법재판소는 미국의 니카라과에 대한 군사행동은 국제법을 어긴 것이라며 니카라과 승소판결을 내렸다. 그러나 미국은 이에 불복했고 안전보장이사회에서도 거부권을 행사하여 불복이 성립되었다.

콜롬비아와 니카라과가 카리브 해의 도서와 그 주변 수역의 영유권에 관한 분쟁에 관해 2001년 국제사법재판소에 소송을 재기한 사건도 눈여겨 볼 필요가 있다. 이 분쟁은 2012년 11월 니카라과에 유리하게 판결이 났다. 그러자 콜롬비아는 판결에 불복했고 국제사법재판소의 관할권을 인정한 조약에서 탈퇴하겠다고 선언했다. 콜롬비아의 산토스 대통령은 "영토와 연안의 경계선은 판결에 의해 결정될 수 없다"라고 판결을 비판하면서 콜롬비아가 국제사법재판소의 관할권을 인정한 보고다 조약에서 탈퇴하겠다고 선언한 것이다.

이 사례는 안전보장이사국이 아니어도 국제사법재판소에 불복할 수 있음을 보여준다. 이에 대한 유엔의 입장은 아직 결정되지 않았다.

이 외에도 여러 사례가 있지만 중요한 것은 한국이 독도 문제를 분쟁으로 인정하지 않는 것이다. 분쟁으로 인정하면 국제사법재판소로 가야 한다. 그리고 니카라과와 콜롬비아의 분쟁처럼 판결이 나올 때까지 10년 이상을 기다려야 할 수도 있다. 게다가 독도 문제는 어느 쪽이 이겨도 한일관계가 악화될 수밖에 없으므로 그 결과에 대해 아무도 책임질 수 없다. 패배한 쪽에 복수심이 생길 우려도 있어 영토 문제를 떠나 다른 문제가 발생할 계기가 될 수도 있다. 그러므로 국가 간에 생긴 문제를 국제사법재판소로 해결하는 방식이 반드시 이상적이라고 하기는 어렵다.

3장

독도는 왜
한국 땅인가

국제법적으로 지명이라는 것은 대단히 큰 의미를 가진다.

독도를 두고 다케시마, 리앙쿠르 락스, 독도라는 세 가지 명칭이 존재하며

이는 아직 전 세계적으로 통일되지 않았다.

독도 주권을 둘러싼 한일 간의 갈등이

아직 끝나지 않았기 때문이다.

01

한국 문헌이 말하는
독도

독도의 명칭들

　　독도 문제를 해결하기 위해서는 왜 독도가 한국 영토인지 그리고 왜 일본의 주장이 잘못된 것인지를 알아야 한다. 해결하는 과정에서 유리한 고지를 차지할 수 있기 때문이다. 여기서는 그에 관해 알아보고자 한다.

　　1905년 일본은 한국을 침략하는 과정에서 독도를 시마네현 오키섬으로 편입시켰다. 당시 일본은 독도를 무주지無主地, 즉 '주인이 없는 땅'이라고 주장하며 먼저 차지했다는 '무주지 선점론'을 적용했다. 그런데 어찌 된 일인지 지금은 독도를 일본 고유 영토라고 주장하여 큰 모순을 범하고 있다. 우리는 일본의 주장에 무슨 잘못이 있는지 알고 독도가 한국 영토임을 증명하기 위해 독도의 역사를 올바르게 이해할 필요가 있다. 그러므로 먼저 독도의 명칭이 변화한 과정을 살펴보고자 한다.

한국은 19세기 중반까지 독도를 주로 '우산도'라고 불렀다. 이후 '돌섬', '석도石島', '독도'로 이름이 바뀌었다. 문헌상으로는 1904년 9월 독도獨島라는 명칭이 처음으로 확인된다.

일본은 19세기 중반까지 독도를 '마쓰시마松島(송도)'라고 불렀으나 이후 잠시 '랸코도'라고도 불렀다. 현재 명칭인 다케시마竹島(죽도)는 1905년 1월 내각 각료회의에서 붙인 것이다. 다케시마는 원래 울릉도의 일본 명칭이었다. 잠시 불렸던 '랸코도'라는 명칭은 1849년 프랑스 선박 리앙쿠르 호가 독도를 발견한 뒤 '리앙쿠르 락스'라고 이름 붙였는데 그것을 일본식으로 줄인 말이다.

일본은 무엇을 원하는 것일까?

일본은 왜 독도를 자국의 영토라고 주장할까? 사실 일본이 노리는 것은 독도라는 섬 자체가 아니다. 주변의 어장과 해저자원을 원한다. 1994년 배타적 경제수역 200해리가 국제협약이 된 이후 일본은 독도로부터 200해리(실제로는 울릉도와 독도의 중간선)까지 일본의 배타적 경제수역을 설정하기 위해 독도 영유권을 주장했다. 그리고 현재 일본은 독도가 일본 영토인 이유를 크게 4가지로 요약해 세계에 주장하고 있다.

① 일본은 17세기 중반 독도 영유권을 확립했다. 그 전에 한국이 독도를 영유했다는 증거는 모두 애매하다.

② 일본은 1905년 독도를 시마네현 오키섬으로 정식 편입했다. 그 전에 한국이 독도를 영유했다는 증거가 없다.

③ 대일강화조약에서 독도는 한국 영토에서 제외되었다. 1951년 7월 한국이 한국 영토조항에 독도를 기재해 달라고 요구했으나 미국이 이 요구를 거절(러스크 서한)했다. 따라서 독도는 일본 영토로 남았다.

④ 1952년 1월 한국은 동해에 일방적으로 위법적인 평화선을 긋고 독도를 한국 수역에 포함시켰다. 이후 현재까지 한국은 독도를 불법으로 점거하고 있다.

일본이 주장하는 4가지 이유 중 ②, ③, ④가 잘못되었다는 것은 앞에서 이미 증명했다. 이제 왜 ①이 잘못된 것인지 반박할 내용을 알아보자. 더불어 ②에 대해서도 보완한다.

《삼국사기》 속 우산국

독도와 울릉도가 우산국이라는 이름으로 처음 등장한 한국 문헌은 《삼국사기三國史記》다. 그래서 한국은 512년부터 독도가 한국 영토였다고 주장한다. 《삼국사기》에 등장한 내용을 살펴보자.

> 512년, 우산국이 귀속해 왔다. 우산국은 강원도 동쪽 해상에 있는 섬이고 울릉도라고 한다. 그 섬은 사방이 100리이고 그들은 복속하지 않았다. 하슬라 군주 이사부는 계략을 세워 우산국 사람들을 굴복시켰다. 그는 많은 목제 사자를 만들어 군선에 실었고 그 섬 해안에 도착하자 "너희가 만약 복속하지 않는다면 이 맹수를 풀어놓아 밟아 죽이도록 하겠다"라고 말했다. 그 나라 사람들이 무서워하여 곧 항복했다.

글의 내용은 신라의 이사부가 동해에 위치한 섬나라 우산국을 정복해 신라 영토로 만들었다는 것이다. 그런데 상세히 보면 우산국은 울릉도라고 기록하고 있을 뿐 독도 이야기는 없다.

한국은 '우산국이란 울릉도와 독도로 구성된 나라였다'라고 주장하고 독도는 우산국의 '우산도'였다고 강조한다. 근거로 1454년 편찬된 《세종실록지리지世宗實錄地理志》의 기록을 든다.

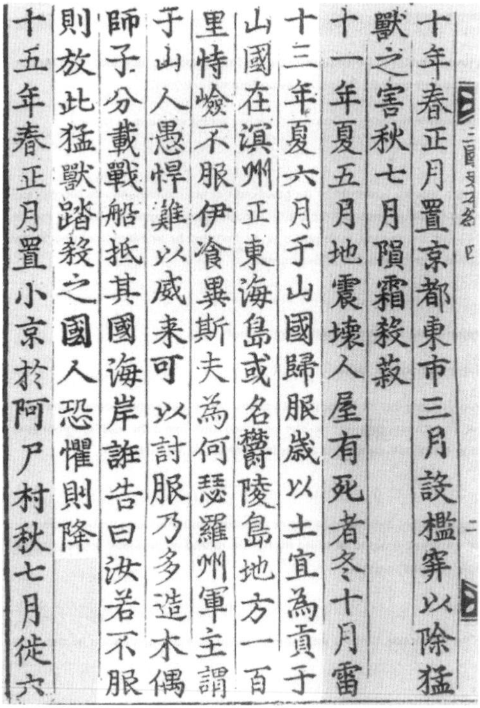
十年春正月置京都東市三月設檻穽以除猛
獸之害秋七月隕霜殺菽
十一年夏五月地震壞人屋有死者冬十月雷
十三年夏六月于山國歸服歲以土宜為貢于
山國在溟州正東海島或名欝陵島地方一百
里恃嶮不服伊飡異斯夫為何瑟羅州軍主謂
于山人愚悍難以威来可以計服乃多造木偶
師子分載戰船抵其國海岸誑告曰汝若不服
則放此猛獸踏殺之國人恐懼則降
十五年春正月置小京於阿尸村秋七月徙六

사진 12 《삼국사기》 권4 중 〈신라본기 4〉 속 우산국

《세종실록지리지》 속 독도

《세종실록지리지》가 말하는 독도는 다음과 같다.

우산과 무릉 두 섬이 현의 정동正東 바다 가운데 있다. 두 섬이 서로 거리가 멀지 아니하여 날씨가 맑으면 가히 바라볼 수 있다. 신라 때에 우

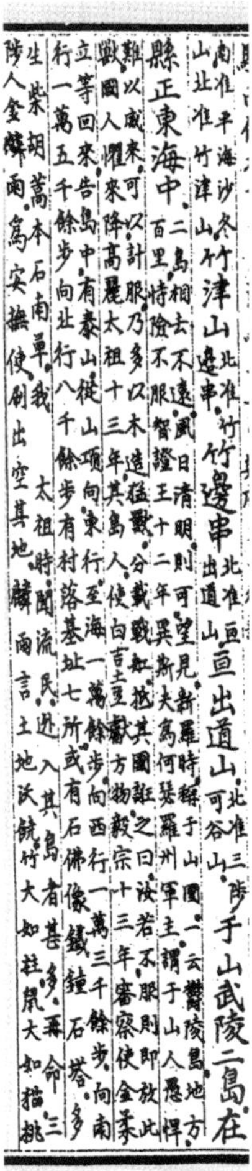

南准平海沙冬山北准竹津山竹津山北准竹邊串竹邊串北准亘出道山亘出道山北准三陟可谷山于山武陵二島在縣正東海中二島相去不遠風日淸明則可望見新羅時稱于山國一云鬱陵島地方百里恃險不服智證王十二年異斯夫爲何瑟羅州軍主謂于山人愚悍難以威來可以計服乃多以木造猛獸分載戰船抵其國誑之曰汝若不服則卽放此獸國人懼來降高麗太祖十三年其島人使白吉土豆獻方物毅宗十三年審察使金柔立等回來告島中有泰山從山頂向東行至海一萬餘步向西行一萬三千餘步向南行一萬五千餘步向北行八千餘步有村落基址七所或有石佛像鐵鍾石塔多生柴胡藁本石南草我太祖時聞流民逃入其島者甚多再命三陟人金麟雨爲安撫使刷出空其地麟雨言土地沃饒竹大如柱鼠大如猫桃

사진 13 《세종실록》 권 153, 〈지리지〉. 강원도, 삼척 도호부, 울진현 부분

산국. 또는 울릉도라고도 했고 지방은 100리다.

여기서 '우산'이란 '우산도'로 현재의 '독도'를 뜻한다. '무릉'은 '무릉도', 즉 현재의 '울릉도'로 조선시대 초기에는 이렇게 불렀다. 우산이 독도라는 것은 '두 섬이 서로 거리가 멀지 아니하여 날씨가 맑으면 가히 바라볼 수 있다'라는 구절로 알 수 있다. 옛날이나 지금이나 날씨가 맑을 때 울릉도에서 볼 수 있는 섬은 독도밖에 없기 때문이다. 그리고 우산과 무릉 두 섬을 신라시대에 '우산국'이라 칭했다고 나와 있어 우산국이란 울릉도(무릉도)와 독도(우산도)로 구성된 나라임을 알 수 있다. 또한 '신라 때에 우산국 또는 울릉도라고도 했다'라는 문장은 당시에는 울릉도가 우산국과 같은 의미였음을 알 수 있는 부분이다.

실록을 집필할 당시에는 울릉도를 무릉도라고 불렀지만, 신라시대에는 무릉도와 우산도를 우산국 혹은 울릉도라고 불렀던 것이다. 즉 울릉도는 무리를 이루는 크고 작은 섬들인 '군도'의 개념이었다. 울릉도를 울릉도 본도뿐 아니라 독도 등을 포함해 부르는 습관은 조선시대에도 계속된 것으로 보인다. 1882년 고종 역시 울릉도를 세 섬이라고 말하면서 울릉도라는 명칭에 독도(우산도)가 포함된다고 말한 기록을 확인할 수 있다.

《세종실록지리지》의 기록 마지막에 '지방은 100리'라는 내용이 있다. 이것은 독도 등은 작은 섬이므로 울릉도 본도의 넓이를 대표해서 기록한 것으로 판단된다.

1392년 고려시대가 막을 내리고 조선시대가 시작되었다. 그런데 1403년 태종은 울릉도를 무인도로 만들 것을 명령했다. 군역을 피해 울릉도로 도망가는 사람들을 막기 위해서였다. 때문에 1435년까지 울릉도에 사는 모든 도민이 육지로 이동했고 울릉도는 무인도가 되었다. 일본은 울릉도를 무인도로 만드는 정책을 가리켜 공도空島 정책이라고 불렀다. 한편 조선은 울릉도민을 육지로 데려오는 정책을 쇄환刷還 정책이라 했고, 울릉도로 건너가는 것을 금지한 정책을 해금海禁 정책이라 불렀다. 여기서는 '무인도 정책'이라 부르기로 한다.

조선왕조는 처음에는 5년에 한 번 울릉도에 관리를 파견해 섬을 둘러보고 이상이 없는지 확인했다. 1435년까지 울릉도와 그 주변을 수색해 도민들을 데려오는 과정에서 울릉도와 독도에 대해 파악한 정보가 《세종실록지리지》에 기록된 것으로 보인다. 사실 이보다 앞선 1432년에 조선왕조 최초의 지리서인 《신찬팔도지리지新撰八道地理志》가 완성되었다. 안타깝게도 현존하지 않지만 무인도 정책으로 얻은 울릉도와 독도의 지리적 관계는 먼저 《신찬팔도지리지》에 기록했을 것으로 판단된다. 이를 보완해 1454년에 《세종실록지리지》를 만든 것이다.

《신증동국여지승람》 속 울릉도

1435년 이후 울릉도는 무인도로 관리했으나 조선 정세의 변화로 1511년을 마지막으로 관리 파견이 중단되었다. 이후 조선왕조가 울릉도에 관리를 파견한 것은 183년 만인 1694년이었다. 180년이 넘도록 울릉도를 무인도로 방치해 버린 것이다. 이 시기에는 조선을 찾은 일본 관리에게 울릉도가 조선 땅이라는 말만 되풀이한 것으로 확인된다. 울릉도를 포기한 것은 아니지만 실질적인 관리는 하지 않은 셈이다.

울릉도뿐 아니라 독도도 오랜 시간 내버려뒀기 때문에 특히나 독도에 관한 지식에 혼동이 생길 수밖에 없었던 모양이다. 1530년 편찬한 조선시대 인문지리서인 《신증동국여지승람新增東國輿地勝覽》은 울릉도와 독도를 하나의 섬으로 잘못 기록했다.

우산도于山島 · 울릉도鬱陵島

무릉武陵이라고도 하고, 우릉羽陵이라고도 한다. 두 섬은 현의 정동正

東 해중海中에 있다. 세 봉우리가 곧게 솟아 하늘에 닿았으며 남쪽 봉우리가 약간 낮다. 바람과 날씨가 청명하면 봉우리 머리의 수목과 산 밑의 사저沙渚(모래톱)가 역력히 보이고 순풍이면 이틀 만에 도달할 수 있다. 일설에 우산과 울릉은 원래 한 섬으로서 지방은 100리다.

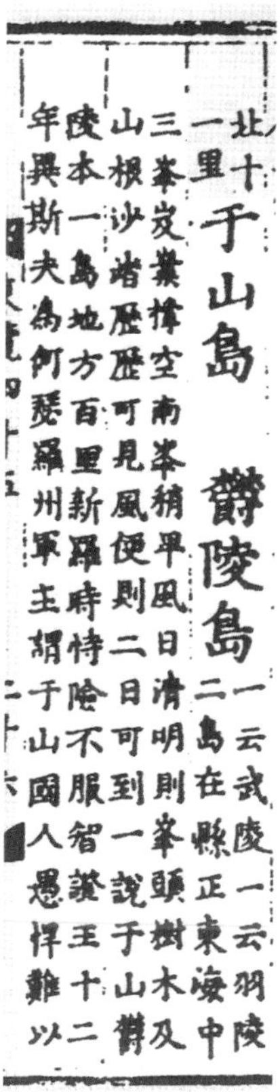
北十一里
于山島 鬱陵島 一云武陵一云羽陵二島在縣正東海中
三峯岌業撐空南峯稍卑風日淸明則峯頭樹木及
山根沙渚歷歷可見風便則二日可到一說于山鬱
陵本一島地方百里新羅時恃險不服智證王十二
年異斯夫爲何瑟羅州軍主謂于山國人愚悍難以

사진 14 《신증동국여지승람》

내용을 살펴보기 전에 《신증동국여지승람》에 실린 지도를 살펴보자(사진 15). 지도는 〈팔도총도〉라 하여 조선의 첫 공식 전도다. 그런데 지도 속 울릉도와 우산도를 보면 우산도(독도)가 울릉도의 서쪽에 그려진 것을 알 수 있다. 우산도가 독도라면 우산도는 울릉도의 동쪽에 그려야 하는데 이 지도에는 우산도가 반대쪽에 그려져 있는 것이다. 실제로 울릉도의 서쪽에 이렇게 큰 섬은 존재하지 않는다. 그러므로 우산도는 울릉도의 동쪽에 있는 섬을 서쪽에 잘못 그린 것으로 보인다. 이런 오류는 《신증동국여지승람》을 편찬한 사람들이 우산도(독도)와 울릉도의 위치관계를 직접 현지로 간 사람들에게 확인하지 않아서 생겼을 것이다. 그럼에도 〈팔도총도〉는 동해에 울릉도와 우산도라는 두 섬의 존재를 확실히 그려놓았다는 점에서 의미가 있다.

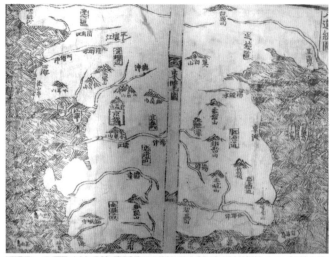

사진 15 〈팔도총도〉

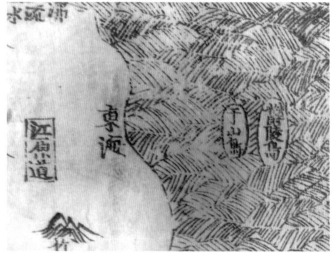

사진 16 〈팔도총도〉 속
우산도(독도)와 울릉도

일본은 〈팔도총도〉의 오류를 문제 삼아 '조선은 독도를 영유하
지 않았다'고 비판한다. 그러나 16세기까지의 일본 지도를 살펴

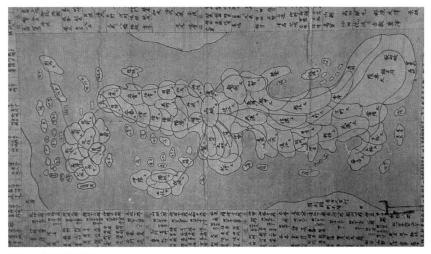
사진 17 〈대일본정통도〉

보면 문제가 상당히 많다. 예를 들어 16세기 중반에 작성된 대표
적인 일본 전도인 〈대일본정통도〉에는 일본 북쪽과 남쪽에 존재
하지 않는 땅을 그려놓았다. 게다가 울릉도와 독도는 아예 기록
하지도 않았다. 또한 존재하지 않는 땅을 크게 그려놓은 탓에 영
토의 형태도 현재의 일본과 매우 차이가 커서 한국의 〈팔도총도〉
보다 훨씬 문제가 많다. 비슷한 시기의 지도를 놓고 봤을 때 훨씬
문제가 많은 일본이 조선 지도의 문제점만 비판하는 것은 공정하
지 못하다.

　그러나 《신증동국여지승람》의 문제는 지도보다 내용에 있다.
울릉도와 우산도 부분에 기록한 "일설에 우산과 울릉은 원래 한

섬"이라는 문장이 그것이다. 명확한 사실이 아닌 어떤 주장에서 나온 '일설'이지만 우산도(독도)와 울릉도를 하나의 섬으로 기록한 것은 일본이 강도 높게 비판하는 부분이다. 그런데 이 부분을 후에 조선왕조가 공문서로 정확히 바로잡았다.

조선 후기의 문신이자 지리학에서 큰 성과를 이룬 신경준이 1756년 집필한 역사지리서《강계지疆界誌》제5권을 통해 조선의 울릉도와 독도에 관해 잘못 기록된 부분을 바로잡았다. 내용은 다음과 같다.

《여지지》왈, 일설에 의하면 우산과 울릉은 원래 한 섬. 그러나 여러

사진 18 《강계지》제5권

도지圖志를 보고 생각하면 두 섬이다. 하나는 소위 송도이고 두 섬은

모두 우산국인 것이다.

이 구절은 신경준이 1656년 유형원이 편찬한 전국 지리지인
《여지지輿地誌》에서 인용한 것이다. '일설에 의하면 우산과 울릉
은 원래 한 섬'이라는 부분은 《신증동국여지승람》의 내용을 인용
한 구절로 판단된다. 그러므로 《여지지》의 순수한 인용은 문장 후
반부인 '그러나 여러 도지圖志를 보고 생각하면 두 섬이다. 하나는
소위 송도이고 두 섬은 모두 우산국이다'까지라고 할 수 있다. 이
후 《강계지》 제5권의 문장이 다시 정리되어 《동국문헌비고東國文
獻備考》(1770), 《만기요람萬機要覽》(1808), 《증보문헌비고增補文獻備
考》(1908) 등에 다음과 같이 기록했다.

《여지지》가 말하기를 울릉, 우산 모두 우산국의 땅. 우산은 즉 왜가 말

하는 송도(독도)다.

《동국문헌비고》 등에서는 《신증동국여지승람》의 인용 부분을
제외하고 보다 명확한 문장을 기록했다. 조선왕조는 이렇게 해서
우산도가 일본이 말하는 송도(마쓰시마, 독도)이고 울릉도와 우산
도(독도)는 조선 영토라고 다시 한 번 확실히 선언한 것이다.

直以解續發船爲言不幾於輕朝廷而昧道理乎貴島於我國往

復書 今以前日復書之說觀之前已有所往復也 已悉梗槩貴島宜罹然改圖而今來

考方物逮至我朝厥逃民今雖廢棄豈可容他人冒居乎他日

島也介於慶尚江原海洋載在輿地焉可誣也蓋自羅麗以來取

攙越窺覘是誠何心恐非鄰好之道所謂礦竹島實我國之鬱陵

待只令東萊府使朴慶業答書曰足下非不知此島之橫占乃欲

探礦竹島形止且曰島在慶尚江原之間朝廷惡其猥越不許接

居民矣 輿地志云鬱陵于山皆于山則倭所謂松島也 光海七年倭差船二隻謂將

得到而還同行一船泊鬱陵島只取大竹大鰒魚回啓云島中無

至　成宗二年有告別三峯島者乃遣朴元宗往見之因風濤不

增補文獻備考　卷二十一　　一

사진 19 《동국문헌비고》

일본 논리에 대한 반박

그러나 일부 일본 학자들은 《동국문헌비고》 등에 있는 "여
지지가 말하기를 우산은 왜가 말하는 송도(마쓰시마, 독도)"라는
문장이 잘못되었음을 지적한다. 그들은 이 문장을 신경준이 날조
한 것이라고 주장한다. 어이없는 주장이지만 그들의 왜곡 구조를

검토해 보자.

먼저 일본은 《여지지》의 인용 부분을 "여지지가 말하기를 일설에 의하면 우산과 울릉은 원래 한 섬"까지라고 주장한다. 그러나 근거는 없다. 원문은 한문이므로 쉼표나 마침표 없이 문장이 계속 이어지기 때문이다. 《여지지》에서 모든 문장을 가져왔다고 할 때 "일설에 의하면 우산과 울릉은 원래 한 섬"이라는 부분은 분명히 《신증동국여지승람》에 있는 말이다. 《신증동국여지승람》은 조선의 공식 지리지이므로 그 내용을 모르는 학자는 없었다고 봐야 한다.

결국 그 부분을 제외한 "그러나 여러 도지를 보고 생각하면 두 섬이다. 하나는 바로 소위 송도이고 두 섬은 모두 우산국"이라는 부분이 오히려 순수한 《여지지》만의 문장이라고 판단된다. 신경준이 "일설에 의하면 우산과 울릉은 원래 한 섬"이라는 구절만 인용했다면 그는 《여지지》를 인용했다고 하지 않고 《신증동국여지승람》을 인용했다고 했을 것이다. 일본의 비판은 논리적 성립이 어렵고 《강계지》나 《동국문헌비고》 등이 《신증동국여지승람》의 오류를 바로잡았다는 것이 진실이라 할 수 있다.

이렇게 조선은 우산도(독도)에 대해 《세종실록 지리지》로 독도의 존재와 영유를 확립했으나 울릉도 수색의 중단으로 한때 명확하게 인식하지 못했다. 그러나 《강계지》와 《동국문헌비고》 등을 통해 우산도가 조선 영토이고 우산도란 일본이 말하는 송도, 즉 독도라고 언급하면서 독도가 조선 영토라는 인식을 다시 한 번 세웠다.

02

일본 문헌이 말하는
독도

일본 신화와 최초의 지도

일본에서 가장 오래된 역사서인 《고사기古事記》(712)는 일본 열도를 만든 신들의 이야기다. 그런데 《고사기》에는 신들이 홋카이도, 오키나와, 독도를 만들었다는 이야기가 없다. 모두 일본의 고유 영토가 아니었기 때문이다. 일본의 영토 문제는 신들이 일본 영토로 기재하지 않았던 지방에 모두 존재한다. 홋카이도 동쪽에는 쿠릴 열도(북방 영토) 문제가, 오키나와 서쪽에는 센카쿠 열도 문제가, 그리고 독도 문제가 있다. 일본 신이 창조하지 않았던 땅에서 현재 일본의 영토 문제가 존재한다는 사실은 매우

사진 20 《고사기》를 해설한 《고사기
전古事記傳》

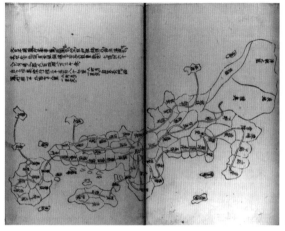

사진 21 독도가 없는 〈교키도〉

흥미로운 내용이다. 일본의 시조들이 솔직히 기록한 고유 영토에
서 독도는 제외한 것이다.

8세기 일본에서는 교키라는 스님이 일본 전국을 걸어 다니면서
〈교키도行基図〉라 불리는 최초의 일본 전도를 완성했다. 〈교키도〉

는 17세기에 일본에서 정교한 일본 전도가 작성되기 전까지 일본의 공식 지도 역할을 했다. 그런데 〈교키도〉에는 독도가 없다. 물론 홋카이도와 오키나와도 없다. 모두 일본 영토가 아니었기 때문이다.

울릉도를 고려의 섬으로 인정한 일본

일본은 11세기에 울릉도를 고려의 섬으로 알고 있었으며 '우릉도'라고 불렀다. 그 기록이 일본 에도막부의 일족이던 미토 번에서 펴낸 역사서 《대일본사大日本史》에 남아 있다.

> 간코寬弘 원년(1004년) 고려의 우릉도 사람들이 표류해 이나바因幡(돗토
> 리 번의 한 주)에 이르렀다. … 신라 때 우르마섬 사람들이 (표류해) 왔는
> 데 우르마섬은 바로 울릉도이다.

이 기록으로 고려인들이 동해를 표류해 일본에 표착했다는 사실과 일본인이 11세기 초에 울릉도를 우릉도 혹은 우르마섬이라고 불렀다는 사실을 알 수 있다. 고려인과 조선인이 일본에 표류하는 사건은 자주 발생했다. 현재의 시마네현이나 돗토리현 쪽에 표착하는 경우도 있었다. 일본 에도시대(1603~1867)에 독도

와 가장 가까운 일본의 오키섬에 표착한 조선인의 사례는 적어도 15건이나 남아 있다. 아마도 이들은 울릉도와 독도 주변에서 활동한 고려인이나 조선인으로 보인다. 이는 우리가 독도 영유권을 주장하는 근거 중 하나다.

〈관찬게이초일본도〉, 〈관찬쇼호일본도〉와 독도

1603년 일본을 집권한 에도막부는 〈교키도〉를 대신할 보다 정교한 지도를 만들었다. 당시 일본에는 포르투갈의 지도 제작기술이 들어와 상당히 정교한 지도를 만들 수 있었다. 그 첫 번째 지도가 바로 〈관찬게이초일본도官撰慶長日本圖〉다. 게이초慶長란 일본의 연호로, 게이초 시대는 1596년부터 1615년까지를 말한다. 일본이 조선을 침략한 정유재란이 게이초 시대에 일어났기 때문에 일본은 정유재란을 '게이초의 전쟁'이라고 부른다.

에도막부가 제작한 공식 〈관찬게이초일본도〉에는 독도가 없다. 이 지도는 일본의 북서쪽 한계를 오키섬으로 정확히 삼았다. 〈교키도〉처럼 홋카이도와 오키나와도 없다. 당시의 일본인에 있어 울릉도와 독도는 당연히 조선 영토였기 때문이다.

에도막부 시대의 두 번째 공식 지도는 1648년에 제작된 〈관찬쇼호일본도官撰正保日本圖〉다. 쇼호正保는 일본의 연호로 쇼호 시대

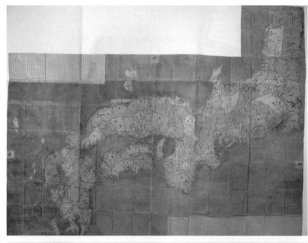

는 1645년부터 1648년까지의 짧은 기간이다. 이 지도에도 일본 북서쪽의 범위는 오키섬까지로 되어 있다. 사진 23은 〈관찬쇼호 일본도〉의 서쪽 부분이다. 이 시대에는 돗토리 번의 어부들이 울

릉도를 왕래하기 시작했기 때문에 오키섬 북쪽 후쿠우라 항구에 "이 항구는 배가 다케시마(울릉도)에 도해할 때의 항구이다"라고 적혀 있었다. 일본 어부들이 독도로 항해하기 시작한 것이 1660년경이므로 일본이 아직 독도의 존재 자체를 잘 모르는 시대의 지도다.

《은주시청합기》 속 독도

1667년 이즈모국(현재 시마네현의 일부)의 관리 사이토 호센이 작성한 문헌인 《은주시청합기隱州視聽合記》에는 일본의 공식 문서로는 처음으로 울릉도와 독도에 대한 기록이 나온다. 이 문서는 일본 북서쪽 경계를 오키섬이라고 기록하였으며, 울릉도와 독도가 일본 영토가 아닌 그 외의 영역임을 확인했다. 울릉도와 독도가 등장하는 내용은 다음과 같다.

> 은주(오키섬)에서 1박 2일을 가면 마쓰시마(독도)가 있고 하루 정도 더 가면 다케시마(울릉도)가 있다. 두 섬은 무인도이고 여기서 고려를 보면 마치 이즈모에서 은주를 보는 것과 같다. 그러므로 일본의 경계는 이 주(은주, 오키섬)로 한다.

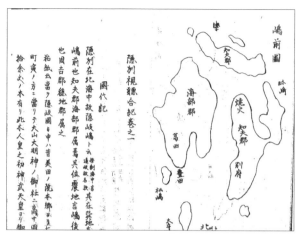

사진 24 《은주시청합기》 속 울릉도 와 독도 기록

　인용문의 마지막 부분인 "일본의 경계는 '이 주'로 한다"라는 문장에서 '이 주'가 약간 애매한 표현인 탓에 한국과 일본 양국에서 논쟁을 불러일으켰다. '이 주'가 과연 오키섬이냐 울릉도냐는 것이다. 그러나 2000년대 초 일본 나고야 대학의 이케우치 사토시 교수가 《은주시청합기》 전문을 연구한 결과 '이 주'는 오키섬이라는 사실을 증명해 논쟁에 종지부를 찍었다.

　즉 일본은 8세기부터 그들의 지도와 문헌을 통해 일본 영토를 오키섬까지로 한정 지었다. 그리고 울릉도와 독도를 조선 영토로 인식하고 기록했다. 이는 역사 자료로 확인할 수 있다. 그럼에도 17세기에 조선과 일본은 울릉도 분쟁을 일으켰고, 이때 독도의 영유권 문제도 함께 거론되었다.

03

안용복 사건과
울릉도 분쟁

울릉도 도해 면허

17세기 초 일본 돗토리 번의 상인 오야 진키치는 일본 북쪽에서 배를 타고 돗토리로 돌아가던 중 표류해 우연히 울릉도에 다다랐다. 무인도였던 울릉도를 둘러본 그는 그곳이 울창한 나무와 풍부한 자연을 그대로 보존하고 있다는 것을 알았다. 돗토리로 돌아간 오야는 동료 상인 무라카와 이치베와 함께 에도 막부에 '울릉도 도해 면허'를 신청했다. 면허를 발급받은 두 사람은 울릉도의 나무를 베거나 고기를 잡아 돗토리로 가져가 팔기 시작했다.

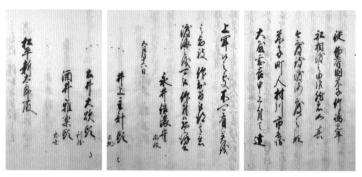

사진 25 울릉도 도해 면허

그런데 1625년경에 발급된 것으로 보이는 울릉도 도해 면허가 불법 면허임이 밝혀졌다. 당시 에도막부는 회의에서 의논할 문제를 로쥬老中(막부장군의 보좌역)의 전원 일치로 판단했다. 울릉도 도해 면허는 8명이었던 로쥬의 절반인 4명만 서명한 것으로 뇌물을 먹여 몰래 발급받았던 것이다.

문제는 또 있었다. 도해 면허의 기한은 1년이었으나 오야와 무라카와 가문은 막부의 감시가 허술한 틈을 타 면허를 한 번도 갱신하지 않았다. 그럼에도 1625년부터 1693년까지 무려 70년에 가까운 기간을 불법으로 울릉도에 건너간 것이다. 두 가문은 울릉도에서 벌채한 나무와 바다에서 잡은 어패류를 일본에서 팔아 큰 이익을 얻었다.

그들은 울릉도에 건너갈 때 독도를 잠시 들르는 기항지로 이용했다. 일본은 이를 근거로 독도를 실질적으로 처음 지배한 나라는 자신이라고 주장했다. 당시 울릉도는 조선의 무인도 정책으로 사람이 살지 않았다. 그러므로 울릉도를 넘어 독도로 가는 조선인은 없었다. 때문에 일본은 조선이 독도를 영유했다고 볼 수 없다고 주장했다.

한편 조선은 태종의 명령으로 1435년까지 울릉도로 관리를 보내 그곳에 거주하는 사람들을 모두 육지로 데려왔다. 군대에서 복역하는 일을 피해 울릉도로 도망가는 사람들을 막기 위해서였다. 이후 약 5년에 한 번씩 울릉도에 관리를 보내 도망간 사람들을 수색했다. 그러나 1511년부터는 관리를 파견하지 않았다. 다시 울릉도에 관리가 파견된 해는 180여 년이 지난 1694년이었다. 그 사이 오야와 무라카와 등 돗토리 사람들이 울릉도와 독도를 왕래한 것이다. 돗토리 사람들이 공식적으로 독도에 다다랐다는 기록은 1660년경이므로 1693년까지 약 30년간 독도를 오간 것이다.

일본은 조선이 사실상 울릉도를 포기했다고 주장한다. 하지만 조선왕조는 일본의 대마도 관리에게 울릉도가 조선 땅임을 계속해서 통보했다. 이에 관한 기록도 남아 있으므로 조선이 울릉도를 포기한 것은 아니다. 하지만 무인도 정책으로 관리를 소홀히 한 것이다.

울릉도 분쟁의 시작

　그런데 1692년 봄 안용복을 비롯한 40여 명의 조선 어부들이 울릉도로 향했다. 당시 울릉도는 무인도 정책으로 출입이 금지된 섬이었기 때문에 비밀리에 떠난 것이다. 그해에는 돗토리의 무라카와 가문이 울릉도에 왔는데 많은 조선인이 활동하는 모습을 보고 그대로 돌아갔다. 이는 일본인이 울릉도가 조선 땅인 것을 알고 소리 없이 일본으로 돌아간 것으로 판단된다. 그들은 돗토리로 돌아간 후 돗토리 번이나 일본의 중앙정부인 에도막부에 조선인의 울릉도 상륙에 대해 어떤 보고도 하지 않았다. 조선인의 울릉도 정착을 묵인한 행동은 스스로 울릉도가 조선 땅임을 인정한 증거가 된다.

　다음 해인 1693년 봄, 이번에는 오야 가문이 울릉도를 찾았다. 역시 많은 조선인이 활동하는 모습을 보았다. 그런데 오야 가문은 무라카와 가문과는 달랐다. 2년 연속 울릉도에 상륙도 못 하고 일본으로 돌아갈 수는 없다고 생각한 오야 가문은 울릉도에 상륙했다. 그리고 몇몇 조선인과 언쟁을 벌였다. 이때 일본어를 할 줄 아는 안용복을 일본으로 납치해 갔다. 박어둔이라는 사람도 함께였다.

　두 사람은 돗토리 번에서 심문을 받고 나가사키와 대마도를 거쳐 다시 조선에 돌아왔다. 돗토리 번에서는 번주(영주)가 울릉도를 돗토리의 섬이라고 우기지 않고 두 사람을 잘 대접하기도 했다. 안용복은 일본의 관백關白이 '울릉도는 조선땅'이라는 서계(외교문서)를 써주었다고도 했다. 관백이란 당시 조선에서 일본의 에도막부 장군을 부르는 명칭이었다. 당시 안용복 일행이 돗토리에서 에도(도쿄)까지 다녀올 시간이 없었으므로 아마도 돗토리의 영주를 관백으로 잘못 생각한 것으로 보인다. 안용복은 후에 조선의 비변사에서 대마도 관리들에게 서계를 빼앗겼다고 진술했다. 진술의 진위 여부를 떠나 안용복과 박어둔은 돗토리 번에서는 의외로 환대받았고 대마도에서는 냉대를 받은 것이다.

이 사건을 계기로 조선과 일본 사이에 3년에 걸친 '울릉도 분쟁'이 시작되었다. 일본에서는 대마도의 2인자인 귤진중이 조선의 부산 왜관을 찾아 일본 땅인 다케시마(울릉도)로 조선인들이 오지 않게 조치해 줄 것을 요구했다. 그러나 조선왕조는 그의 요구를 물리치고 "조선 땅인 울릉도에 일본인이 절대 오지 말아야 한다"라는 서계를 귤진중에게 전했다. 그는 잠시 조선과 논쟁을 벌였으나 판세가 불리해지자 대마도주의 사망을 이유로 대마도로 돌아갔다.

울릉도 분쟁은 대마도가 울릉도를 뺏을 목적으로 꾸민 측면이 있다. 토지가 척박한 대마도는 농사가 어려워 먹고 살기 힘든

곳이다. 항상 울릉도의 비옥한 환경을 부러워한 대마도는 안용복 사건을 계기로 울릉도를 가로채고 싶었던 것으로 보인다. 태종 시대에는 대마도주가 사람들을 데리고 울릉도로 이주하고 싶다고 간청했지만 거절당한 일도 있었다. 그만큼 대마도 사람들은 울릉도를 원했다.

독도가 조선 땅임을 인정한 에도막부

1696년 1월 일본 에도막부 장군은 울릉도 분쟁에 대해 보고받는 자리에서 돗토리 번주에게 울릉도가 어느 나라에 가까운지 물었다. 이에 돗토리 번주는 "울릉도는 일본보다 조선에 가깝습니다"라고 대답했다. 이에 장군은 "울릉도에는 우리 일본인들이 살고 있는가?"라고 다시 물었다. 돗토리 번주는 "아닙니다. 울릉도에는 1년에 한 번씩 도항했지만 살지는 않았습니다"라고 대답했다. 그러자 장군은 "그럼 우리 일본인이 살지도 않고 조선에 가깝다고 하면 울릉도는 조선 땅이다"라고 즉각 판단을 내렸다. 이에 돗토리 번주도 "네, 울릉도는 우리 돗토리 번이 지배하는 곳이 아닙니다"라고 대답했다.

울릉도가 조선 영토임을 일본 최고 권력자가 인정한 것이다. 결국 울릉도 분쟁은 처음부터 존재하지 않았다. 자신의 이익만 생각한 돗토리 상인들이 중간에서 꾸민 일에 불과했다. 에도막부도 돗토리 번도 울릉도를 일본 영토라고 생각하지 않았다. 그럼에도 조선이 울릉도를 오랫동안 방치하다시피 했고, 돗토리 상인과 대마도 사람의 사리사욕이 더해져 만들어진 사건이었다.

그런데 장군은 "울릉도와 비슷한 섬이 또 있는가?"라고 물었다. 이에 돗토리 번주는 "마쓰시마(독도)라는 섬이 있습니다"라고 대답했다. 장군은 "그 섬은 너희 영지인가?"라고 묻자 돗토리 번주는 "아닙니다. 마쓰시마는 울릉도로 가는 도중에 있는 작은 섬이고 가끔 들러서 기항지로 사용했을 뿐입니다. 그리고 마쓰시마는 일본의 어떤 나라(지방)에도 소속되어 있지 않습니다"라고 대답해 마쓰시마가 돗토리 번의 영지가 아닐 뿐 아니라 일본 영토도 아니라고 대답했다. 돗토리 번주의 대답을 듣고 동석한 대마도

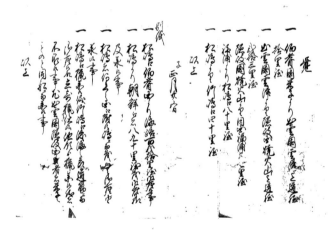

사진 26 마쓰시마가 돗토리 번의 영토가 아니라고 한 보고서(돗토리박물관 소장)

사람들의 반대도 없었으므로 에도막부 장군은 울릉도뿐 아니라 마쓰시마(독도)까지 일본 영토가 아니라고 결정했다. 이것은 독도와 울릉도가 조선 영토임을 인정한 조치와 마찬가지였다. 이렇게 하여 에도막부는 1696년 1월 28일 '울릉도 도해 금지령'을 내렸다. 여기에는 당연히 독도 도해 금지도 포함되는 것이다.

17세기 말 일본 에도막부는 울릉도와 독도를 조선의 영토이자 일본 영토 외로 결정했다. 이 사건을 한국에서는 '울릉도 쟁계爭界'라고 하고 일본에서는 '다케시마 잇켄竹島一件'이라 말한다. 17세기 중반 일본이 독도를 왕래한 사실이 있으나 17세기 말 독도를 일본 영토 외, 즉 조선 영토로 인정했다. 따라서 독도 영유권 문제는 이때 결론이 난 셈이다. 이것이 역사의 진실이다. 그러므로 일본이 독도 영유권을 주장하는 첫 번째 근거인 17세기 중반에 일본이 독도를 영유하기 시작했다'라는 내용은 성립되지 않는다. 진실은 오히려 17세기 말에 일본이 독도를 조선의 영토로 인정했다는 사실이다.

안용복의 일본 도항

1696년 5월 안용복 등 조선인 12명이 울릉도와 독도를 거쳐 일본으로 건너갔다. 그들은 돗토리 번으로 가 울릉도와 독도가 조선 영토임을 주장하고 조선으로 돌아왔다. 숙종은 무단으로 바다를 건너 다른 나라로 간 것은 사형이 당연하지만 두 섬(울릉도와 독도)을 지킨 공로를 인정해 유배로 감형했다. 《숙종실록》에 실린 기록으로 안용복 일행의 일본 도항 과정을 알아보자.

돗토리 번에서 강원도 양양으로 돌아온 안용복 등 12명은 체포되어 비변사에서 심문을 받았다. 《숙종실록》에 실린 안용복들의 진술 내용을 모아보았다.

① 1696년 5월 울릉도에 돗토리 번 사람들의 배가 나타나 그들을 쫓아 우산도(독도)까지 갔다(이때 안용복은 우산도于山島를 자산도子山島라고 표현했다. 우(于)를 자(子)로 잘못 본 결과로 보인다.).

② 우산도(독도)에서 일본인을 쫓아내고 그들을 추격하다 표류해 오키섬에 도착했다.

③ 3년 전 울릉도와 독도가 조선 땅이라는 일본 관백(장군)의 서계(외교문서)를 받았다. 그러나 약속을 어겨서 일본인이 다시 두 섬에 나타났기 때문에 그것을 규탄하기 위해 돗토리로 가는 것이라고 안용복이 일본 오키섬에서 말했다.

④ 안용복은 조선 고관의 옷을 입고 배를 타고 '울릉자산양도 감세장陵爵子山両島監税将'이라는 관리를 가칭하고 나서 돗토리 번 호키주伯耆州까지 건너갔다.

《숙종실록》에 실린 안용복 등의 이야기를 두고 일본은 사실과 다르다며 비판했다. 우선 1696년 1월 에도막부가 울릉도 도해 금지령을 내렸기 때문에 그해 5월에 돗토리 번의 배가 울릉도와 독도로 갈 리가 없다'라는 것이다.

그러나 상세히 보면 당시 에도에 있던 돗토리 번주에게 '울릉도 도해금지령'이 내려진 것은 1696년 1월이지만 '금지령'이 돗토리 번 호키주에 전달된 것은 같은 해 8월 1일이었다. 안용복 일행이 오키섬에 도착한 5월에는 돗토리 번은 물론 오키섬에서도 울릉도 도해가 금지되었다는 사실을 몰랐다는 것이다. 그러므로 돗토리 어부들이 울릉도에서 고기잡이를 했을 가능성이 있다.

또한 일본은 '1693년 안용복이 납치되었을 때 일본의 관백으로부터 울릉도가 조선 땅이라는 서계를 받았다고 하나 그것은 허위다'라고 주장했다.

그러나 한국은 1693년 납치된 안용복이 장군이 누군지 알 리 없었기 때문에 돗토리 번주나 그 대리인이 안용복을 위로하는 차원에서 서계로 보이는 서한을 건네주었을 가능성이 있다고 판단한다. 돗토리 번주는 1693년에 이미 독도와 울릉도가 돗토리 소속이 아니라는 입장이었기 때문에 그럴 가능성은 충분했다.

앞서 소개한 것 외에도 《숙종실록》에는 안용복 등의 진술이 기록되어 있다. 좀 더 살펴보자.

① 돗토리 번에 도착한 안용복은 3년 전에 대마도주가 두 섬이 조선 영토라는 서계를 뺏었으니 막부에 그 죄상을 써서 상소문을 올린다고 했고 돗토리 번주는 허락했다.

② 대마도주의 아버지 소 요시자네가 에도에서 내려와 그런 상소문을 올리면 대마도주인 자기 아들이 죽게 될 것이라고 하여 안용복에게 간절히 사죄해 일본인의 울릉도 도해를 금지하겠다고 약속했다. 이에 안용복은 작성해 놓은 상소문을 올리지 못했다.

③ 돗토리 번주와 대마도주의 아버지는 울릉도와 독도 두 섬이 이미 조선 땅이라고 인정했다.

④ 안용복 일행은 돗토리 번으로부터 동해를 횡단하여 강원도 양양으로 돌아왔다.

일본은 돗토리 번에서 있었던 일에 대해서도 비판했다. '돗토리 번주나 대마도주의 아버지는 당시 에도에 있었기 때문에 안용복이 돗토리 번에서 그들을 만났을 리 없다'라는 것이다.

이에 한국은 돗토리 번주 이케다가 7월 19일 자로 돗토리 번에 돌아왔다는 기록을 확인했다. 또한 안용복 일행이 8월 초까지 돗토리 번에 머물렀기 때문에 이케다 번주 혹은 그 대리인이 조선의 고관을 사칭한 안용복을 만났을 가능성은 높다. 그러므로 안용복은 자신을 응대한 사람을 돗토리 번주로 생각했을 것으로 판단된다.

그리고 6월 대마도주의 아버지가 안용복을 조사하기 위해 돗토리 번에 파발(사람을 말에 태워 급한 공문을 전달하는 일)을 보낸 사실이 확인되었다. 따라서 파발로 간 사람이나 그 대리인이 안용복과 면담을 가졌을 것이다. 안용복은 자신을 면담한 사람을 대마도주의 아버지로 생각해 그 과정에서 나온 이야기를 비변사에서 말했을 가능성이 있다. 안용복이 일본어를 잘했다는 기록이 있으나 잘하지는 못했다는 기록도 있어 그의 일본어 실력은 그리 높지 않은 것으로 보인다. 그러므로 상대가 누군지 정확히 알아봤다고 할 수 없다.

일본은 또한 '안용복의 서계를 빼앗았다는 대마도주는 1693년에 사망했으므로 그의 아버지가 안용복의 상소문이 에도에 올라가는 것을 막을 이유가 없다'라고 주장했다. 따라서 안용복의 이야기는 잘못되었다는 것이다. 한국에서 확인해 본 결과 울릉도 분쟁을 일으킨 대마도주는 1693년에 사망한 것이 맞았다. 이후 동생이 도주가 되었다. 그러나 울릉도 분쟁은 사실상 대마도주의 아버지인 소 요시자네가 배후에 군림하면서 일으킨 사건이었다. 안용복의 상소가 에도에 올라가면 난처할 사람은 바로 대마도주의 아버지였다. 그러므로 대마도주의 아버지나 그 대리인은 아들이 사망한 것을 잘 모르는 안용복에게 아들의 목숨을 구해 달라고 간절히 호소해 상소문이 에도에 올라가지 않도록 막았다고 보는 것이 맞다.

마지막으로 일본은 '안용복이 사형을 면하기 위해 비변사에서 거짓 진술을 했을 가능성이 크다'라는 입장을 보였다. 하지만 비변사에서는 안용복뿐 아니라 함께 일본으로 건너간 나머지 11명도 모두 심문을 받았다. 엄격한 심문에도 그들의 말이 일치한다는 것은 안용복의 진술이 허위라고 보기 어렵다는 뜻이다.

《숙종실록》은 국가 기록이다. 이 문헌에서 독도가 조선 영토라는 사실을 몇 차례나 언급했다는 사실은 중요하다. 예를 들어《숙종실록》권30의 숙종 22년(1696) 9월 무인조에는 다음과 같은 내용이 기록되어 있다.

> 왜인들이 말하기를 "우리는 본래 송도(독도)에 가는데 우연히 어로하러 나온 것이다. 이제 당연히 본소로 돌아갈 참이다"라고 했습니다. 이에 나(안용복)는 "송도는 바로 자산도(우산도, 독도)이고 역시 우리나라 땅이다. 너희가 감히 그곳에 가느냐"라고 말하고….
> 대마도주 아버지의 말은 "두 섬(울릉도와 독도)이 이미 귀국에 속한 이상 혹시 다시 월경하는 자가 있거나 도주가 멋대로 침범하는 일이 일어나면 국서를 작성하고 역관을 정해 들여보내면 즉시 당연히 무겁게 처리할 것이다"였다.

이처럼 조선의 국가 기록인 《숙종실록》이 독도가 조선영토임을 분명히 했다. 일본은 그 사실을 인정하기 싫어서 안용복의 진술이 거짓이라는 억지 주장을 되풀이했다.

안용복과 겐로쿠 각서

비변사에서 안용복이 진술한 내용을 일본이 거짓이라고 주장한 것은 이를 뒷받침할 일본의 사료가 부족했기 때문이다. 그런데 2005년 새로운 사료가 발견되었다. 1696년 5월 안용복 일행이 돗토리 번을 향하던 중 오키섬에 표착했을 때 섬의 관리가 12명을 취조한 기록이다. 「겐로쿠 9 병자년 조선배 착안着岸한 권의 각서(이하 겐로쿠 각서)」라는 제목을 달고 있다. 겐로쿠元禄란 일본의 연호로 겐로쿠 시대는 1688년부터 1704년까지다. 그러므로 겐로쿠 9년은 1696년을 뜻한다.

겐로쿠 각서에는 안용복이 오키섬 관리에게 진술한 내용이 기록되어 있다. 가장 눈에 띄는 내용은 울릉도와 독도가 강원도 소속이라고 진술한 것이다. 현재 울릉도와 독도는 경상북도 소속이지만 당시는 강원도 소속이었다.

안용복이 말하기를 "대나무 섬을 다케시마(죽도)라고 하는데 조선국

강원도 동래부 안에 울릉도라는 섬이 있고, 이것을 대나무 섬이라고 합니다. 곧 〈팔도지도八道地圖〉에 적혀 있고 그것을 갖고 있습니다"라고 했다.

위의 기록처럼 안용복은 울릉도가 강원도 소속이고 조선 땅이라는 사실을 분명히 밝혔다. 그가 말한 '동래부'란 강원도가 아닌 그의 고향인 부산에 있다. 이는 안용복이 적당히 말한 것으로 보인다. 그가 오키섬으로 가지고 갔다는 〈팔도지도〉는 현존하지 않는다.

사진 27 겐로쿠 각서 표지

마쓰시마(송도)는 강원도 안에 자산子山(소우산)이라는 섬이 있는데 이 것을 마쓰시마라고 합니다. 이것도 〈팔도지도〉에 적혀 있습니다.

안용복은 마쓰시마(송도, 독도)를 자산도라고 불렀다. 《숙종실록》에 나오는 내용과 일치한다. 그가 독도의 역사적 명칭인 우산도의 우(于)자를 자(子)자로 잘못 본 결과로 보인다. 그리고 독도를 '소우산'이라고도 했는데, 이 뜻은 독도를 우산국의 작은 섬으로 보고 말한 내용이라고도 볼 수 있다.

또한 겐로쿠 각서에는 울릉도와 독도까지의 거리도 기록되어

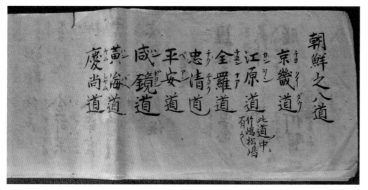

사진 28 겐로쿠 각서 중 「조선 팔도」에 관한 기록」

있다.

3월 18일 조선국에서 아침밥을 먹은 뒤에 출선해 같은 날 다케시마(죽

도, 울릉도)에 도착해 저녁밥을 먹었다고 (안용복 일행이 말) 합니다.

당시 강원도에서 울릉도까지는 배로 이틀 정도의 거리였다. 그
러나 이 기록은 강원도 해안에서 하루 만에 울릉도에 도착했다고
말한다. 안용복이 울릉도가 조선에 가깝다는 점을 강조하기 위해
이렇게 진술했다는 연구가 있다. 그리고 독도까지의 거리는 다음
과 같이 기록했다.

5월 15일 다케시마(울릉도)를 출선해 같은 날 마쓰시마(독도)에 도착했

고, 같은 달 16일 마쓰시마를 출발하여 18일 아침에 오키섬의 니시무라 해안에 도착했다고 합니다.

안용복은 두 달 정도 울릉도에 있었고 5월 15일 울릉도를 출발해 그날 독도에 도착했다고 말했다. 그리고 독도에서 오키섬까지는 이틀이 걸렸다고 했다. 이 내용은 당시의 거리 감각과 일치한다.

이 외에도 겐로쿠 각서에는 다음과 같은 내용이 포함되었다.

① 조선에서 울릉도까지는 30리고 울릉도에서 마쓰시마(독도)까지는 50리다.
② 안용복이 돗토리 번에 가서 소송할 일이 있다고 하여 동행한 이인성을 시켜 소장을 쓰게 했다.
③ 오키섬 니시무라의 촌장이 안용복의 요청을 받아들여 소장을 쓸 수 있는 민가를 빌려주었고 쌀 등 음식물도 지원해 주었다.
④ 안용복이 돗토리 번에서 소송할 내용에 대해 촌장이 확인하지 못했다.

먼저 안용복은 조선과 울릉도가 가깝다는 점을 강조했다. 조선 본토와 울릉도가 '하루 거리'라고도 했고 '30리'라고도 했다.

이후 일본 자료에는 조선 본토로부터 울릉도까지의 거리가 보통 30~40리로 기록되었다. 안용복의 진술이 영향을 주었을 가능성이 높다. 그런데 일본 문헌에서 말하는 '리'는 '해리'를 뜻한다. 17세기에는 나름대로의 해리 개념을 갖고 있었던 셈이다.

한편 돗토리 번 문헌에 자주 등장하는 울릉도와 독도 간 거리는 40~50리라고 되어 있다. 독도와 오키섬 간의 거리는 60~80리다. 1해리의 정확한 길이는 1.852km이나 당시 일본의 해리는 그 수치에 가까웠으나 정확하지는 않았다. 안용복이 진술한 울릉도와 독도 간 거리는 50리였다. 당시 일본인도 많이 왕래한 바닷길이었으므로 안용복이 거리를 줄여서 말할 수는 없었다고 판단된다. 50리는 50해리이니 현재 거리로는 92.6km가 된다. 실제로 울릉도와 독도 간 거리는 87.4km이므로, 안용복은 상당히 정확하게 거리를 말했다.

《숙종실록》에는 안용복이 대마도주의 죄상을 써서 에도막부에 올리려고 했다는 내용이 있다. 겐로쿠 각서에는 안용복이 민가에서 소송할 내용을 집필했다고 적혀 있다. 따라서 안용복이 오키섬에서 쓴 것은 대마도주의 죄상을 에도막부에 알리기 위한 소장이었다고 보는 것이 타당하다. 그가 일본으로 건너갈 때 이인성이라는 문인이 동행했는데, 그 역시 소송을 목적으로 건너갔음을 증명한다. 겐로쿠 각서의 발견은 안용복이 조선의 비변사에서 진술한 내용이 진실에 가까웠다는 점을 증명했다. 따라서 안용복의 진술을 거짓이라 비난한 일본의 주장 역시 잘못된 것임을 다시 한 번 확인하는 계기가 되었다.

울릉도 분쟁의 결말

1696년 1월 에도막부는 '울릉도 도해 금지령'을 내렸다. 울릉도뿐 아니라 독도의 도해도 금지했다. 그러나 금지령이 돗토리 번에 전달된 것은 1696년 8월이었다. 안용복 일행이 오키섬을 거쳐 돗토리 번으로 들어갔다는 말을 들은 에도막부는 그제야 울릉도 도해 금지령을 돗토리 번에 전달했다. 결국 안용복 일행의 행동이 조선과 일본의 울릉도 분쟁을 완전히 끝내는 데 기여한 것이다.

일본 도항으로 비변사에서 심문을 받은 안용복은 사형을 선고받았다. 그러나 영의정 남구만 등이 안용복 덕분에 울릉도를 지켰다며 감형을 요구했다. 숙종은 요구를 받아들였고 안용복은 유배를 떠났다. 그 후 그의 행적은 어디에도 기록되지 않았다. 17세기 말 조선과 일본 사이에서 일어난 '울릉도 쟁계'는 양국의 문서 교환이 끝난 1699년 모두 마무리되었다.

04

일본 역사가 증명하는
우리 땅 독도

〈개정일본여지노정전도〉

18세기 이후 20세기 초까지 일본이 만든 모든 공식 지도
는 독도를 일본 영토가 아니라고 표시하거나, 조선 영토라고 표
시했다. 안용복 사건과 울릉도 쟁계의 영향이 컸기 때문으로 보
인다. 그중에서도 눈여겨볼 것이 〈개정일본여지노정전도改正日本
興地路程全圖〉다.

이 지도는 1779년 에도막부의 일족인 미토 번의 학자 나가쿠보
세키스이가 개인적으로 만든 것이다. 후에 관청에서 허가한 지도
가 되었다. 〈개정일본여지노정전도〉에는 울릉도와 독도가 기록

되어 있다. 때문에 일본은 독도가 일본 영토라고 주장하면서 이 지도를 이용한다.

그러나 지도를 자세히 살펴보면 이야기가 달라진다. 지도는 일본 국토뿐 아니라 울릉도와 독도, 그리고 조선의 남단까지 기록하고 있다. 경위도선까지 그어진 제법 구체적인 지도다. 이 지도는 울릉도와 독도를 조선 영토라고 주장한다.

지도를 살펴보면 울릉도와 독도는 조선의 남단과 같이 흰색으로 표시한 것을 확인할 수 있다. 그리고 울릉도와 독도를 같은 수역에 그렸다. 이 지도가 작성된 1779년에는 이미 울릉도가 조선

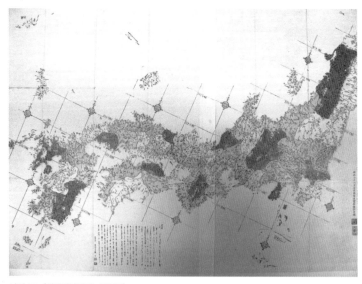

사진 29 〈개정일본여지노정전도〉

의 섬이라는 사실이 일본에 널리 알려져 있었다. 1696년 일본이 '울릉도 도해 금지령'을 내렸기 때문이다. 따라서 독도와 울릉도를 같은 수역에 같은 색깔로 그렸다는 것은 독도 역시 조선의 섬이라는 뜻이다.

사진 30 〈개정일본여지노정전도〉의 울릉도와 독도 부분(《은주시청합기》속 문장이 쓰여 있다.)

또 한 가지 눈에 띄는 것은 지도 속 조선 남단과 울릉도, 독도에는 일본 영토에 표시한 경위도선이 없다는 것이다. 울릉도와 독도가 일본 영토가 아님을 강조하기 위해서다.

뿐만 아니라 사진 30과 같이 울릉도와 독도 옆에는 《은주시청합기》의 한 구절을 적어놓았다. 울릉도와 독도가 조선 땅임을 뜻하는 문장을 그대로 적어 두 섬이 조선 땅이라는 사실을 강조한 것이다. 지도의 울릉도와 독도 옆에 적힌 《은주시청합기》속 구절은 다음과 같다.

고려(조선)를 보면 마치 운주(이즈모)로부터 은주(오키섬)을 보는 것 같다.

〈개정일본여지노정전도〉는 일본지도이지만 독도를 정확히 표시했고, 독도가 조선 땅이라는 설명까지 덧붙인 셈이다.

〈삼국접양지도〉

1785년 일본 학자 하야시 시헤이는 〈삼국접양지도三國接壤之圖〉를 만들었다. 이 지도는 일본을 중심으로 조선과 중국, 그리고 러시아까지 기록했다. 지도 한가운데에는 두 개의 섬이 있는데 그 왼쪽에 "조선의 소유"라고 적혀 있다. 두 개의 섬 중 큰 섬은 죽도竹嶋라는 명칭을 달고 있는데, 이것은 울릉도를 뜻한다. 당시 일본은 울릉도를 다케시마(죽도)라고 불렀기 때문이다. 그리고 울릉도 옆에 작은 섬이 하나 더 그려져 있다.

재미있는 사실은 〈삼국접양지도〉에도 《은주시청합기》 속 구절을 모방한 글이 등장한다는 것이다. 울릉도와 작은 섬 아래 "이 섬에서 은주(오키섬)를 바라보고 조선도 본다"라는 문장이 쓰여 있다.

이 지도는 1785년 하야시 시헤이가 집필한 《삼국통람도설三國通覽圖說》에 실린 것이다. 시헤이는 이 책에서 〈삼국접양지도〉의 일본 부분을 작성할 때 에도시대 유학자인 나가쿠보 세이스키의 〈개정일본여지노정전도〉를 참고했다고 밝혔다. 시헤이의 말에 따르면 〈삼국접양지도〉 한가운데 있는 다케시마(울릉도)와 그 옆에 있는 작은 섬이 바로 〈개정일본여지노정전도〉의 다케시마(울릉도)와 마쓰시마(독도)라는 것이다. 따라서 〈삼국접양지도〉 역시 독도를 한국 영토로 분명하게 기록했다.

지도는 독도와 울릉도를 조선 영토와 나란히 노란색으로 그려 넣었다. 푸르스름한 일본 영토와는 확실히 다른 색이다. 독도를 조선 영토로 표시한 〈삼국접양지도〉는 1854년 에도막부에 의해 일본의 공식 지도가 되었다.

또한 시헤이는 〈삼국접양지도〉의 한반도 부분을 작성할 때

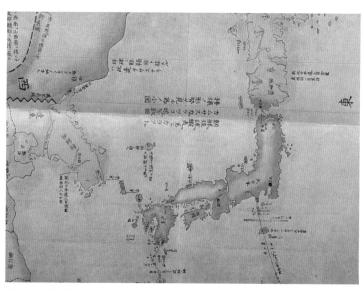

사진 31 〈삼국접양지도〉

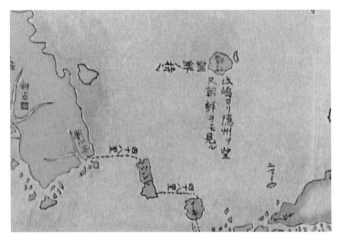

사진 32 〈삼국접양지도〉
속 울릉도와 독도

〈조선팔도지도〉를 참고했다고도 밝혔다. 1785년에 그가 제작한
〈조선팔도지도〉는 동해에 울릉도를 기록해 놓았다. 따라서 〈삼국
접양지도〉 속 한반도 동쪽의 노란색 섬은
울릉도가 확실하다. 그런데 시혜이는 한
반도 옆의 섬에는 이름을 쓰지 않았다. 아
마도 이 섬을 울릉도가 아닌 다른 조선의
섬이라고 생각한 것으로 보인다. 결과적
으로 그는 동해 한가운데 있는 두 섬인 울
릉도와 독도를 그렸고 정확히 조선 영토
로 인정했다.

사진 33 〈조선팔도지도〉

〈다케시마 방각도〉

　　1838년 일본 세키슈의 뱃사람인 아이즈야 하치에몬은 도항 금지를 어기고 울릉도로 넘어가 나무를 베어 왔다. 일본으로 돌아간 그는 오사카에서 나무를 팔던 중 발각되어 사형에 처했다. 그런데 기록에 의하면 하치에몬은 마쓰시마(독도)에 간다고 거짓말을 한 뒤 울릉도까지 넘어간 것으로 되어 있다.

　　일본은 하치에몬이 독도에 간다고 하면서 독도가 아닌 울릉도에 갔다는 이유로 사형을 당했다는 것은 당시 독도의 도항은 금지되지 않았다는 것이라 주장한다. 즉 일본이 독도를 일본 영토라고 판단했다는 것이다. 때문에 일본은 하치에몬 관련 자료를 내세워 독도가 자신들의 영토라고 주장한다.

사진 34 〈다케시마 방각도〉

일본은 하치에몬에게 사형을 내린 재판에서 1838년에 제작한 〈다케시마 방각도竹島方角圖〉를 사용했다. 지도를 보면 독도(마쓰시마)는 울릉도, 조선과 같은 빨간 색으로 칠해져 있다. 오키섬과 일본 영토는 노란색으로 구별해서 색칠했다. 독도가 일본이 아닌 조선의 땅임을 분명히 밝힌 것이다. 재판에서 사용한 지도라면 일본이 공적으로 인정한 지도라고 볼 수 있다. 이 지도는 독도가 조선 땅이라고 말한다. 반면 재판기록을 아무리 살펴봐도 독도가 일본 땅이라고 말하는 내용은 없다.

우리는 하치에몬의 재판을 통해 일본이 또다시 독도를 조선 땅으로 인정했음을 확인할 수 있다.

〈일본변계약도〉

1808년 에도막부의 천문방天文方(지도 제작 등을 책임지는 관리) 소속 다카하시 가게야스는 일본 공식 지도인 〈일본변계약도〉를 제작했다. 이 지도에는 울릉도와 독도가 각각 완릉도宛陵島와 천산도千山島라는 이름으로 기록되어 있다.

완릉도라는 이름은 울릉도를 중국에서 중국식 발음대로 표시한 것으로 잘못된 이름이다. 천산도는 당시 독도의 이름인 우산도의 우(于)자를 천(千)자로 잘못 써서 생긴 명칭이다. 이는 〈일본

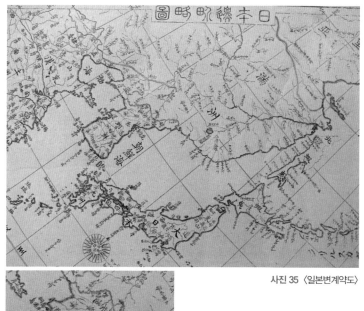

사진 35 〈일본변계약도〉

사진 36 〈일본변계약도〉 속에 존재하는 완릉도(울릉도)와 우산도(독도), 울릉도 독도박물관 소장

변계약도〉가 울릉도와 독도 부분을 작성할 때 중국 지도를 참고했음을 뜻한다.

중요한 것은 일본 에도막부의 공식 지도인 〈일본변계약도〉가 울릉도와 독도를 조선 영토로 기록했다는 데 있다.

〈대일본연해여지전도〉

일본의 천문학자 이노 다다타카는 약 20년간 직접 일본 전
국을 걸어 다니면서 당시로써는 매우 정교한 일본 전도를 제작
했다. 에도막부는 그가 일본 서쪽을 답사하는 5차 작업부터 지
도 제작을 전면적으로 지원했다. 다다타카가 사망한 뒤 그의 제
자들은 1821년에 측량 결과를 정리한 〈대일본연해여지전도大日本
沿海輿地全図〉를 에도막부에 제출했다. 이 공식 지도에서도 독도의
모습은 찾아볼 수 없다. 독도를 조선 땅이라고 인정한 에도막부

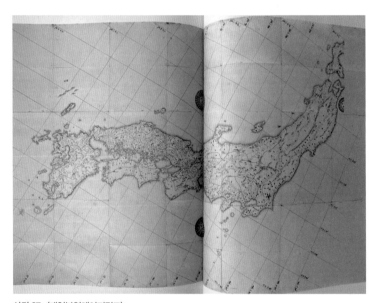

사진 37 〈대일본연해여지전도〉

가 다다타카에게 독도를 측량하라는 명령을 내리지 않았기 때문이다.

일본은 다다타카가 독도로 갈 수 있는 오키섬 근처까지 갔을 때 병을 앓았기 때문에 가지 않았다고 말한다. 허나 그는 병을 앓고 있던 와중에도 오키섬까지 측량대를 보냈다. 게다가 측량대는 독도까지 갈 수 있을 만큼 충분한 준비가 되어 있었다. 결국 일본의 주장과 달리 에도막부는 다다타카에게 독도 측량을 지시하지 않았음을 알 수 있다. 이는 에도막부가 독도를 일본 영토로 생각하지 않았다는 증거가 된다.

일본 외무성이 인정한 우리 땅

지도 외에도 독도가 한국 땅임을 증명하는 일본의 역사 자료가 존재한다. 대표적인 것이 1870년 일본 외무성이 작성한 「조선국 교제 시말 내탐서」라는 보고서다.

1868년 일본은 메이지유신을 통해 일왕 중심의 중앙집권제 국가를 만들었다. 그러나 조선은 새로운 일본을 서양 오랑캐의 앞잡이가 되었다고 생각해 받아들이지 않았다. 이에 일본은 조선에 외무성 관리를 극비리에 파견해 조선의 내정을 조사했다. 그들이 올린 조사 보고서가 바로 「조선국 교제 시말 내탐서」다. 여기에는

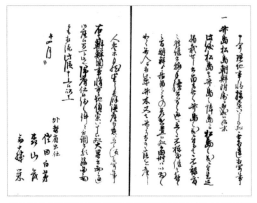
사진 38 「다케시마와 마쓰시마가 조선의 부속이 된 시말」 문서의 일부

울릉도와 독도에 관한 문서도 있다.

문서의 정확한 명칭은 「다케시마와 마쓰시마가 조선의 부속이 된 시말(경위)」이다. 1870년 일본 외무성이 겐로쿠년에 다케시마(울릉도)와 마쓰시마 (독도)가 조선의 부속이 된 경위를 일본 정부에 보고한 것이다.

겐로쿠년元祿年이란 일본 연호 중 하나로 1688년부터 1704년까지의 시기를 말한다. 문서의 주요 내용은 이때 울릉도와 독도가 조선의 부속이 되었다는 것이다. 17세기 말 안용복 납치 사건을 계기로 조선과 일본 사이에서 일어난 분쟁인 '울릉도 쟁계'를 언급하며, 당시 두 섬이 조선의 부속이 되었다는 내용을 조사해 상부에 보고서를 제출했다. 여기서 중요한 것은 1696년 결정된 내용을 1870년 일본 외무성 관리가 재확인했다는 사실이다. 오랜 시간이 지난 뒤에도 일본은 독도가 조선 영토임을 확인하고 인정한 것이다.

이후에도 일본 외무성은 독도가 조선 땅이라고 인정했다. 1876년 일본 외무성에서 마쓰시마(독도)에 대한 논의가 있었다. 이때 다나베 다이치 국장은 독도를 가리켜 "마쓰시마는 우리 일본인이 명명한 이름이고 실은 조선의 울릉도에 속하는 우산이다"라고 지적했다.

이 사실은 대단히 중요하다. 1876년 당시 일본 외무성의 국장이 독도를 조선의 울릉도에 속하는 우산도라고 인정한 증언이기 때문이다.

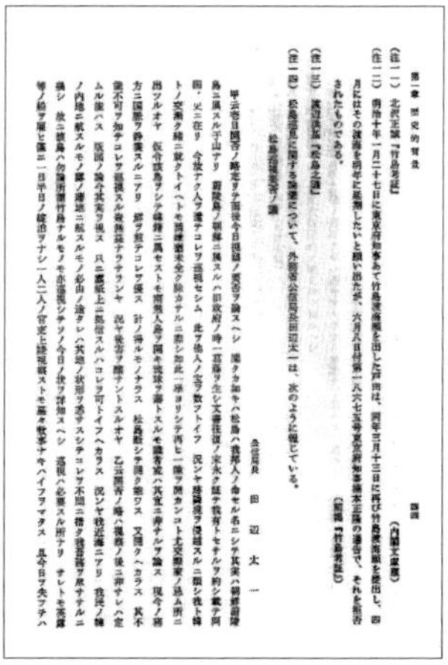

사진 39 가와카미 겐조가 집필한 《다케시마의 역사지리학적 연구》 중 다나베 국장이 마쓰시마는 조선의 우산도라고 인정한 부분

울릉도와 독도의 이름을 잊어버린 일본

일본은 17세기 말 울릉도와 독도를 조선 영토로 인정한 뒤 약 200년간 두 섬에 가지 않았다. 기억 속에서 사라진 탓일까, 일본인들은 두 섬의 이름조차 잊어버리고 말았다. 이로 인해 19세기 후반에는 많은 일본인이 울릉도를 오히려 마쓰시마라고 부르기 시작했다. 이 두 섬의 명칭에 혼란을 가져온 데는 서양의 지도도 큰 영향을 주었다.

한때 일본에 머물렀던 네덜란드인 필립 시볼트는 네덜란드로 귀국해 1840년에 〈일본과 그 주변도〉라는 지도를 펴냈다. 그의 지도에는 Takashima(다케시마의 잘못된 표기)와 Matsushima(마쓰시마)라는 두 섬이 그려져 있었다. 언뜻 보기에는 울릉도와 독도를 그린 것 같지만 실은 경도와 위도를 잘못 표시한 지도였다. 섬이 없는 위치에 다케시마를 그렸고, 울릉도가 있어야 할 곳에 마쓰시마를 그려 넣은 것이다. 이 지도는 일본으로 흘러들어왔고, 이를 본 일본 사람들은 울릉도를 마쓰시마라고 부르기 시작했다.

이 사건은 동해를 탐방하던 서양인들이 울릉도를 발견했으나 측량을 잘못해서 일어났다. 일본에 머물면서 나가쿠보 세이스키의 〈개정일본여지노정전도〉를 입수한 시볼트는 동해에 다케시마(울릉도)와 마쓰시마(독도)가 있다는 사실을 잘 알고 있었다. 다만 네덜란드로 돌아가 직접 지도를 만들면서 서양인이 잘못 측량한 경위도에 다케시마(울릉도)를 표시했다. 게다가 그는 제대로 측량한 울릉도의 경위도에 마쓰시마(독도)를 그려 넣고 말았다. 결과적으로 울릉도와 독도 모두 잘못 그린 셈이다.

시볼트가 지도를 제작할 당시인 1840년은 아직 서양인이 독도를 발견하지 못해 측량도 하지 않은 상황이었다. 그러므로 서양 지도에는 독도가 그려져 있지 않았다. 때문에 시볼트는 정확한 울릉도의 경위도가 마쓰시마, 즉 독도의 경위도라고 믿어버린 것이다. 서양에서 처음 독도의 존재를 확인한 것은 1849년으로 프랑스가 발견해 바위섬이라는 뜻의 '리앙쿠르 락스'라는 이름을 붙였다. 시볼트가 지도를 제작한 것은 이보다 9년이나 앞선 시점이었다.

이미 울릉도와 독도의 존재 자체를 잊어버린 일본은 시볼트가 지도에 마쓰시마라고 기록한 것을 보고 울릉도를 마쓰시마라고 부르기 시작했다. 어디까지나 일

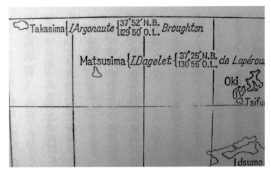

사진 40 시볼트가 제작한 〈일본과 그 주변도〉 중 다케시마, 마쓰시마, 오키 부분

본이 울릉도와 독도를 영유하지 않았기 때문에 벌어진 일이다. 17세기 말 일어난 울릉도 쟁계 이후 200년 가까이 일본은 울릉도와 독도를 조선의 땅이라고 인정해 온 것이다. 따라서 독도가 역사적으로 일본의 고유 영토라는 주장에는 어떤 근거도 존재하지 않는다.

일본 영토가 아님을 명심하라

1876년 일본 국민 중 몇몇이 외무성에 마쓰시마 개척을 건의했다. 외무성 기록국장인 와타나베 히로키는 옛 기록을 살피며 다케시마와 마쓰시마의 관계를 조사했다. 조사 결과는 다음과 같다.

① 옛날에 일본에서 '다케시마'라고 불린 섬은 조선의 울릉도다.

② 일본에서 옛날부터 '마쓰시마'라고 부른 섬은 서양에서 '호넷 락스
(리앙쿠르 락스, 독도)'다.

③ 유럽인은 일본의 옛 명칭인 '다케시마'에 '마쓰시마'라는 이름을 붙
였다. 이로 인해 실제 존재하지 않는 섬에 '다케시마'라는 이름을
붙여 혼란을 가져왔다.

④ 분명하지 않은 부분이 있으므로 시마네현에 알아보고, 현지에 함선
을 파견해 조사해야 한다.

(출처: 가와카미 겐조, 《다케시마의 역사지리학적 연구竹島の歷史地理学的研究》)

조사 결과에 따라 외무성은 시마네현이 두 섬을 조사할 것을
내무성에 요청했다. 내무성은 조사 결과를 정리해 당시 일본 최
고 행정기관이었던 다조칸太政官에 보고했다. 다조칸은 일본 내각
의 전신이다.

1877년 3월 다조칸은 내무성에 "울릉도와 독도가 일본 영토에
서 벗어난 곳임을 명심하라"라는 지령을 내렸다. 일본 중앙정부
가 공식적으로 울릉도와 독도가 일본 영토가 아니라는 사실을 확
인한 것이다. 「다조칸 지령문」이라고 불리는 이 문서의 1쪽에는
다음과 같은 내용이 있다.

일본해(동해) 내 다케시마와 그것의 밖에 있는 한 섬(독도)은 … 겐로쿠

5년(1692) 조선인이 섬으로 들어간 이래 드디어 본국(일본)과 관계가 없어졌다. …

다케시마와 그것의 밖에 있는 한 섬(독도)의 건은 본국(일본)과 관계가 없음을 명심할 것.

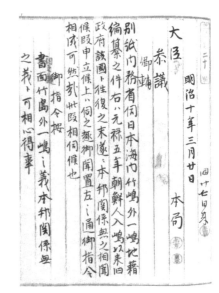

사진 41 「다조칸 지령문」 1쪽

1쪽에는 독도를 '(울릉도) 밖에 있는 한 섬'이라고 기록해 어떤 섬을 말하는지 분명하지 않다. 하지만 문서의 5쪽에는 '밖에 있는 한 섬이란 마쓰시마(독도)'라고 기록했다. 내무성으로부터 조사를 의뢰받은 일본 최고의 행정기관도 독도를 일본 영토와는 관계없다고 결론내린 것이다. 울릉도는 이미 조선 영토임이 확실했기 때문에 울릉도와 그 섬 바로 옆에 있는 독도가 일본 영토와 관계없다는 말은 두 섬이 조선 영토라는 뜻과 같다.

이 외에도 겐로쿠 5년(1692)에 조선인, 즉 안용복을 비롯한 40명 정도의 조선인이 다케시마(울릉도)와 그 밖에 있는 한 섬으로 들어갔다는 내용이 있다. 당시 안용복 등과 관계있는 섬은 울릉도와 독도뿐이다. 결국 역사적 맥락에서도 밖에 있는 한 섬은 독

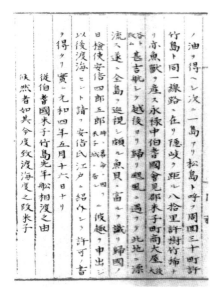

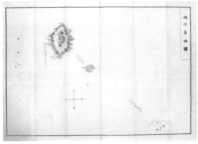

사진 42 「다조칸 지령문」 5쪽, 첫째 줄에 울릉도 다음
에 있는 한 섬을 마쓰시마라고 기록했다.

사진 43 「다조칸 지령문」에 붙어 있는 〈이소타케시마
약도〉 속 독도

도일 수밖에 없다.

그리고 「다조칸 지령문」에는 지도
가 붙어 있다. 〈이소타케시마 약도
〉라 불리는 이 지도는 당시 일본에
서 울릉도를 다케시마 외에도 '이소
타케시마'라고도 불렀던 데서 이름
붙인 것이다. 따라서 〈이소타케시마
약도〉는 '울릉도 약도'라는 뜻이다.
그런데 이 약도에는 울릉도와 그 밖
에 있는 하나의 섬이 더 그려져 있
다. 약도를 잘 살펴보면 밖에 있는
한 섬을 가리켜 마쓰시마라고 기록
했다. 바로 독도다.

1877년 일본 정부는 다케시마(울
릉도)와 마쓰시마(독도)가 일본 영토
가 아닌 조선에 딸린 부속 섬이라고
결론 내렸다. 그런데 몇몇 일본인
은 「다조칸 지령문」이 두 섬을 일본

영토가 아니라고 한 것일 뿐 조선 영토라고 한 것은 아니라고 주
장한다. 그러나 울릉도가 조선영토라는 것은 당시에도 이미 확인

된 사실이었다. 그리고 '밖에 있는 한 섬'
이라고 애매하게 표현한 것은 마쓰시마,
즉 독도가 울릉도에 속하는 섬이라는 것
을 뜻하기 때문이다. 조선 영토인 울릉도
와 함께 밖에 있는 한 섬인 독도 모두 조
선 땅이라는 것이다. 만일 그렇지 않았다
면 다른 표현으로 울릉도와 독도를 구별
했을 것이다. 「다조칸 지령문」은 어디까
지나 울릉도와 독도를 한 쌍으로 표현했

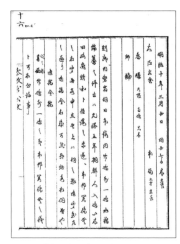

사진 44 「다조칸 지령문」 필사본

으므로 울릉도가 조선 땅이라면 독도도
당연히 조선 땅인 것이다.

「다조칸 지령문」은 도쿄 국립공문서관에서 소장하고 있다. 하
지만 일본 정부는 「다조칸 지령문」 원본 열람을 제한한 상태다.
현재는 필사본만 열람할 수 있다. 필사본은 읽기 어려운 초서체
로 베꼈기 때문에 일반인은 거의 읽을 수 없다. 그리고 필사본에
는 〈이소타케시마 약도〉가 빠져 있다. 일본 정부가 독도를 조선
영토라고 인정한 「다조칸 지령문」을 은폐하고 있는 셈이다.

판례 등을 살펴볼 때 「다조칸 지령문」은 현재까지 유효한 문서
다. 일본 국회에서도 2006년과 2009년, 두 번에 걸쳐 이 문서에
대한 질문이 있었다. 그러나 일본 정부는 "오래된 문서이므로 조

사해야 한다", "계속 조사 중"이라는 형식적인 대답만 할 뿐 정확한 답변을 회피하고 있다. 아마도 일본 정부는 「다조칸 지령문」을 영원히 조사만 할 것이다.

일본 정부는 울릉도와 독도를 조사하는 과정에서 두 섬이 17세기 말에 조선 영토가 된 사실을 확인했다. 울릉도와 독도에 대해 '일본 영토가 아니니 욕심을 내지 말아라'라는 지시를 내린 것이 그 결과다. 독도가 한국 영토임을 보여주는 「다조칸 지령문」은 일본이 스스로 만들어낸 강력한 증거 중 하나다.

일본《수로지》속의 독도

1877년 다조칸이 독도는 일본 영토가 아님을 명심할 것을 명령했음에도, 외무성의 와타나베 국장은 울릉도에 군함을 파견해 조사하도록 했다. 그는 울릉도에 대한 욕심을 가지고 있었다. 관변학자인 가와카미 겐조가 1966년 출간한 책《다케시마의 역사지리학적 연구》를 살펴보면 와타나베가 '조선이 이미 손을 쓴 곳이라면 통치 상황을 조사한 뒤 계획을 정하는 것이 필요하다'라고 언급한 것을 알 수 있다. 울릉도가 이미 조선 땅이라고 해도 다른 방법을 찾을 생각이었던 것이다. 이 말은 일본이 조선으로부터 독도뿐 아니라 울릉도까지 빼앗을 생각을 털어놓은 것과 같다. 이 같은 속내는 외무성이 1880년 울릉도에 군함 파견을 감행한 것으로 알 수 있다.

군함 아마기는 울릉도를 조사하는 과정에서 울릉도 동쪽 2km 거리에 있는 죽도를 발견했다. 죽도라는 이름은 한국인이 붙인 것이다. 일본은 죽도의 한자인 竹島를 일본식으로 발음해 다케시마라고 불렀다. 그러나 조선인이 이름을 붙인 죽도는 일본인이 다케시마라고 명명한 울릉도나 독도가 아니라 울릉도 동쪽 2km 거리에 있는 작은 섬이라는 것이 중요하다.

조사를 마친 해군성은 일본에서 그동안 다케시마라고 부른 섬이 울릉도 동쪽 2km 거리에 있는 죽도였다고 엉터리로 보고했다. 그리고 마쓰시마는 울릉도의 명칭이 맞다고도 했다. 이때부터 해군성은 울릉도를 마쓰시마, 독도를 리앙쿠르 락스(랸코도)라고 기록하기 시작했다. 외무성의 와타나베 국장은 명칭이 왜곡되어가는 사태를 바로 잡지 않은 것으로 보인다.

다조칸이 마쓰시마가 독도이고 이 섬이 일본 영토가 아님을 명심하라는 지령을 내렸지만, 해군성은 울릉도가 마쓰시마이며 독도는 리앙쿠르 락스라고 기록했다. 그럼에도 해군성은 여전히 독도를 조선 영토로 인식했다. 1885년 다조칸이 폐지되며 일본은 내각제도로 개편되었다. 이때부터 울릉도와 독도를 부르는 방식이 바뀌었다. 해군성이 붙인 이름이 오히려 정통성이 있는 것처럼 국민에게 알려지기 시작한 것이다.

울릉도에 조사 군함을 파견한 1880년 이후 해군성 수로부는 해양 안내서인 《수로지水路誌》를 작성하기 시작했다. 여기에는 울릉도를 마쓰시마로, 독도는 프랑스가 이름 붙인 리앙쿠르 락스의 일본식 이름인 리앙코르토 열암으로 번역해 기록했다. 해군성에서 발간한 다양한 《수로지》 속 독도 기록을 살펴보자.

《환영수로지》

일본 해군성 수로부는 1883년과 1886년 《환영수로지寰瀛水路誌》를 발행했다. 이 안내서는 '세계 바다의 수로지'라는 뜻을 가졌지만 실제로는 일본, 조선, 러시아의 동해안 등을 중심으로 수로를 소개한다.

《환영수로지》는 제2권 제4편 '조선 동안(동쪽 기슭) 및 제도(여러 섬)' 부분에 독도의 내

사진 45 1886년 발간된 《환영수로지》의 표지 (초판은 1883년 간행, 일본 국회도서관 소장 자료.)

용을 포함시켰다. 독도를 가리켜 리안코르토 열암이라고 기록했다. 내용은 다음과 같다.

리안코르토 열암

이 열암은 1849년 프랑스의 '리안코르토 호(리앙쿠르 호)'가 처음으로 이것을 발견해 선박명을 붙여서 리안코르토 열암이라 이름 붙였다.

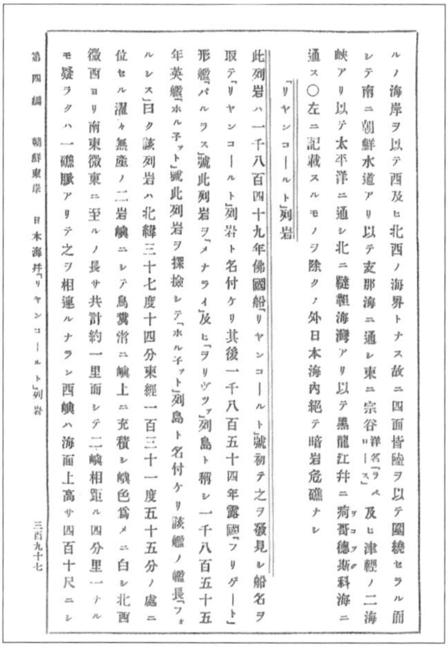
ルノ海岸ヲ以テ西及ヒ北西ノ海界トナス故ニ四面皆陸ヲ以テ圍繞セラル而シテ南ニ朝鮮水道アリ以テ支那海ニ通シ東ニ宗谷(洋名「ラペルーズ」)及ヒ津輕ノ二海峡アリ以テ太平洋ニ通シ北ニ韃靼海灣アリ以テ黒龍江幷ニ猗哥德斯科(オコツク)海ニ通ス○左ニ記載スルモノヲ除クノ外日本海内絶テ暗岩危礁ナシ

「リヤンコールト」列岩

此列岩ハ一千八百四十九年佛國船「リヤンコールト」號初テ之ヲ發見シ船名ヲ取テ「リヤンコールト」列岩ト名付ケリ其後一千八百五十四年露國「フリゲート」形艦「パルラス」號此列岩ヲ「メナライ」及ヒ「ヲリヴツア」列島ト稱シ一千八百五十五年英艦「ホルネット」號此列岩ヲ探撿シテ「ホルネット」列島ト名付ケリ該艦ノ艦長「フォルシス」曰ク該列岩ハ北緯三十七度十四分東經一百三十一度五十五分ノ處ニ位セル濯々無産ノ二岩嶼ニシテ鳥糞常ニ嶼上ニ充積シ嶼色為メニ白シ北西微西ヨリ南東微東ニ至ルノ長サ共計約一里而シテ二嶼相距ル四分里一ナルモ疑ラクハ一礁脈アリテ之ヲ相連ルナラン西嶼ハ海面上高サ四百十尺ニシ

第四編 朝鮮東岸 日本海幷「リヤンコールト」列岩 三百九十七

사진 46 《환영수로지》에 기록된 독도

수로지 내용을 보면 리안코르토 열암은 1849년 프랑스 선박 리앙쿠르 호가 발견했다고 말한다. 그동안 독도가 일본에서 '마쓰시마'라고 불려온 역사를 완전히 무시한 것이다. 1880년 이후 일본의 해군성 수로부는 독도의 역사를 완전히 망각해 버렸거나 의도적으로 기록하지 않았다.

《조선수로지》

《환영수로지》를 펴낸 뒤 수로부는 1894년과 1899년 《조선수로지》를 발행했다. 제4편 '조선 동안 및 제도'에 리안코르트 열

사진 47 《조선수로지》 제1판 표지(일본 국회도서관 소장)

암과 울릉도(마쓰시마)에 관한 내용을 기록했다. 내용은 《환영수로지》와 같다. 이것은 수로부가 독도를 조선의 동쪽 바다에 속하는 조선의 섬으로 인정했음을 보여주는 증거다. 《조선수로지》는 1899년에 제2판을 발행했다. 독도와 울릉도에 관한 기록은 제1판과 같았다.

《일본수로지》

수로부는 1897년에 《일본수로지》를 발행했다. 제4권 제3

사진 48 《일본수로지》 표지(일본 국회도서관 소장)

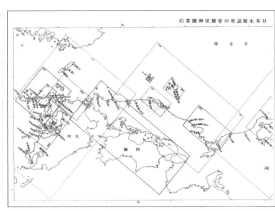

사진 49 《일본수로지》 속 〈해도〉

편에는 '혼슈 북서안'에 관한 기록이 있다. 여기에는 독도에서 가장 가까운 일본 섬인 오키섬에 관한 내용도 있으나 독도에 관한 내용은 없다.《일본수로지》에 삽입된 바다 지도에도 독도는 없었다. 당시의 일본 해군성이 독도를 일본 영토로 보지 않았다는 증거가 되는 자료다.

《조선수로지》

《수로지》속 독도의 내용에 변화가 생긴 것은 1907년 3월에 발행한《조선수로지》부터다. 1904년 11월 일본이 독도를 '다케시마'로 이름을 바꾸기로 결정했기 때문이다. 1905년 2월 일본은 독도를 시마네현 오키섬에 비밀리에 편입시켰다. 그럼에도 1907년 3월, 독도는 여전히《일본수로지》가 아닌《조선수로지》에 기록되었다. 일본이 아닌 조선의 영토라고 여긴 것이다.

《조선수로지》속 독도는 다케시마라는 항목으로 분리되었으나, '독도'라는 한국명을 정확하게 밝히고 있다. 또한 독도를 조선 동쪽 바다에 속하는 섬으로 기록했다. 내용은 다음과 같다.

다케시마Liancourt rocks

1849년 프랑스선 '리앙쿠르'가 이것을 발견해 Liancourt rocks로 칭

했다. … 한국인은 이것을 독도獨島라고 쓴다. 본국 어부들은 리안코도 라고 한다.

독도를 일본 영토로 편입하려던 일본 정부는 1904년 11월 리안코르토 열암에 정식으로 일본 이름을 붙이기 위해 시마네현 오키섬의 도사島司(일제 강점기에, 도지사의 감독하에 섬의 행정 사무를 맡아보던 관직)에게 의견을 물었다. 도사는 울릉도가 마쓰시마이므로 옛부터 다케시마라는 이름이 적합하다고 대답했다. 이를 통해 도사도 옛날의 독도에 관해 무지했음을 알 수 있다. 그는 17세기 말까지 일본인이 울릉도를 다케시마, 독도를 마쓰시마로 부른

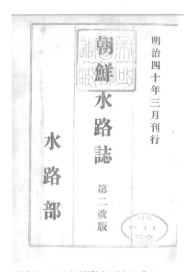

사진 50 1907년 발행한 《조선수로지》 표지(일본 국회도서관 소장)

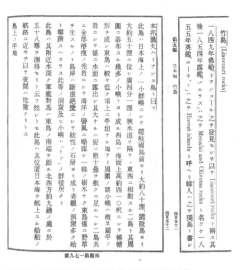

사진 51 1907년 《조선수로지》 속 독도에 관한 내용

역사적 사실을 전혀 모르고 있었다. 이는 일본인이 17세기 말 이후 독도를 자국의 섬으로 영유한 적이 전혀 없다는 사실을 다시한 번 보여준다.

아직 독도가 일본으로 편입되지 않은 이 시기 독도는 이미 다케시마가 되었다. 이런 상황을 1907년 3월에 출간한 《조선수로지》에 기록한 것으로 판단된다. 출간까지 꽤 시간이 걸렸기 때문에 당시의 상황을 반영한 것이다.

《일본수로지》

《조선수로지》를 출간한 지 3개월이 지난 1907년 6월 일본 수로부는 《일본수로지》를 출간했다. 이때 수로부는 독도가 지금껏 조선 동해안에 속했던 사실을 부정하기 위해 독도의 소속을 일본 혼슈 북서안으로 옮겼다.

그러나 수로부가 의도적으로 《조선수로지》에 실린 독도의 기록을 《일본수로지》에 옮겨버린 이 사건은 오히려 1905년 이전에 독도가 한국 영토였음을 인정하게 된 결과를 낳았다. 다음은 《일본수로지》에 처음으로 기록된 독도에 관한 내용이다. 여기서는 3개월 전의 《조선수로지》와 달리 독도라는 한국명이 삭제되었다.

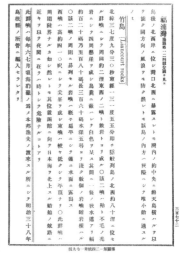

사진 52 1907년 발행한 《일본수로지》 표지

사진 53 1907년 《일본수로지》 속 독도에 관한 내용

혼슈 및 북서안

다케시마Liancourt rocks

북위 37도 9분 30초, 동경 131도 55분. … 이 작은 섬은 매년 6, 7월 경에 강치잡이를 위해 본국 어부들이 도해하는 곳이고 메이지 38년 (1905) 시마네현 소관으로 편입되었다.

국권 침탈 이후 《일본수로지》

1910년 일본이 한국의 국권을 강제로 침탈한 뒤 일본 수로부는 《조선수로지》를 없애고 《일본수로지》로 통합시켰다. 1916년에 발행한 《일본수로지》 제4권 제1편 혼슈 및 북서안 부분에서 독도는 '다케시마'라는 명칭으로 기록되어 있다.

해군성이 수로지를 작성하는 과정에서 독도는 처음에 《조선수로지》에 기록되었다. 이는 1907년 3월까지 계속되었다. 그러던 것이 1907년 6월부터 갑자기 《일본수로지》에 기록된 것이다. 1905년 2월 일본이 독도를 시마네현 오키섬으로 편입한 사실을 반영한 것이다. 하지만 이러한 일본의 행동은 오히려 독도가 원래 조선 동해안에 속하는 조선 영토임을 보여주는 결과를 가져왔다.

일본 책이 말하는 독도는 한국 땅

지도와 수로지 외에도 독도가 원래 조선 땅임을 알 수 있는 자료는 많다. 특히 일본에서 발간된 책에도 독도 관련 내용이 있다.

1903년 출간한 《한해통어지침韓海通漁指針》은 한국의 바다에서 어업을 하는 일본인을 위한 지침서다. 이 책은 얀코도(랸코도, 독도)라는 섬을 한국 바다에 속하는 섬이라고 말한다. 독도가 한국 땅이라고 분명히 기록한 것이다. 마키 보쿠신 농산무성 수산국장은 이 책의 서문을 썼다. 독도에서 독점적으로 강치를 잡던 나카이 요자부로의 지인이 소개해 준 인물이다. 이는 마키 국장이 독도를 한국 섬이라고 공개적으로 알린 것과 같다. 독도에 관한 기록은 다음과 같다.

얀코도

울릉도에서 동남쪽으로 약 30리, 우리나라(일본) 오키국으로부터 북서쪽으로 거의 같은 거리만큼 떨어져 있는 바다 가운데 있는 무인도다. 날씨가 좋을 때 울릉도 산봉우리의 높은 곳에서 이 섬을 볼 수 있다.

《한해통어지침》이 출간된 지 1년이 지난 1904년 《최신한국실업지침最新韓國實業指針》이라는 책이 발간되었다. 이 책은 일본인이 한국 내에서 사업을 하기 위한 지침서다. 이 책도 얀코도(독도)를 조선의 섬으로 기록했다.

러일전쟁 당시 독도에 망루를 세우고 해저 케이블을 깔아야 한다며 독도를 하루 빨리 일본으로 편입해야 한다고 강조한 야마자 엔지로 외무성 정무국장이 이 책의 서문을 썼다. 그 역시 독도가 한국 영토임을 잘 알고 있었던 것이다. 《최신한국실업지침》에 나오는 독도 관련 내용은 다음과 같다.

얀코도

울릉도와 우리나라(일본) 오키섬의 중간쯤 되는 30리 떨어진 바다 위에 있다. 섬의 어느 곳에도 사람이 살지 않는다. 해안에 배를 정박시킬수 있으나 땔감과 음료수를 얻기 힘들다.

마지막으로 소개할 책은 일본의 지리학자 다부치 유사이가 1905년 저술한 《한국신지리韓國新地理》다. 그는 이 책에서 얀코도(독도)를 울릉도에 포함시켜서 한국 영토임을 보여주었다. 내용은 다음과 같다.

(울릉도) 얀코도

이 섬(울릉도)에서 동남쪽으로 약 30리 떨어진 곳에 있고 우리나라(일본) 오키섬 사이의 거의 중간쯤에 있는 무인도이다.

이들 책의 특징은 모두 독도를 울릉도에 속한 섬으로 기록하거나, 한국에 속하는 섬이라고 소개한 것이다.

19세기 일본 지도에도 독도는 없다

19세기 중반 이후 일본 소학교(초등학교)에서 주로 사용된 일본 지도 중 〈소학필휴일본전도小學必携日本全圖〉라는 것이 있다. 1877년에 제작된 이 지도는 일본의 북서쪽 영토의 범위를 오키 섬으로 한정했다. 독도는 일본 영토에서 제외된 것이다.

이 외에도 1876년 일본 육군참모국이 작성한 공식지도인 〈대일본전도大日本全圖〉에도 독도는 존재하지 않는다. 동해에 독도를 그려 넣을 충분한 공간이 있음에도 육군참모국은 독도를 일본 영토에서 제외한 것이다.

이에 대해 일본은 독도가 매우 작은 섬이기 때문에 그리지 않았을 뿐, 일본 영토로 생각하지 않았던 것은 아니라고 주장한다. 하지만 독도는 국경을 나타내는 섬이다. 일본은 그런 섬의 경우 아무리 작아도 꼭 기록해 왔다. 오가사와라 군도의 작은 섬이나 오키나와 열도의 작은 섬 등이 그 사례다.

1881년 일본 내무성 지리국이 작성한 공식지도인 〈대일본국전도大日本國全圖〉도 마찬가지다. 이 지도

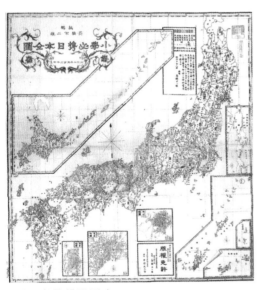

사진 54 〈소학필휴일본전도〉

사진 55 〈대일본전도〉

사진 56 〈대일본국전도〉

또한 독도를 일본 영토에서 제외했다.

　마지막으로 소개할 지도는 1897년 일본 농산무성이 제작한 공식지도다. 〈대일본제국전도大日本帝國全圖〉라는 이름의 이 지도는 색으로 일본 영토와 한국 영토를 구분했다. 일본 영토에는 색을 넣어 표시했고 한국 영토는 색을 넣지 않은 것이다. 이 지도에서 울릉도와 독도는 한반도와 같은 흰색이다. 지도는 울릉도의 이름을 마쓰시마로 기록했다. 특이한 점은 독도의 이름을 러시아식 이름으로 기록한 것이다. 이는 당시 일본 정부가 독도를 부르는 정식 명칭이 없었음을 나타낸다. 따라서 독도에 대한 영유권을 주장하지 못한 상황이었다.

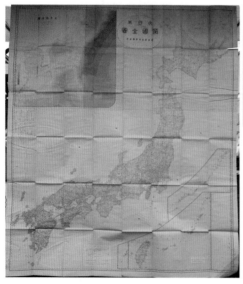

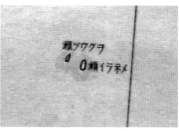

사진 58 〈대일본제국전도〉의 독도 부분을 확대한 것.

사진 57 〈대일본제국전도〉

〈대일본제국전도〉의 독도 부분을 자세히 살펴보면 독도의 동도를 '올리부차', 서도를 '메넬라이'라는 러시아식 이름으로 기록한 것을 볼 수 있다. 이는 독도가 일본 영토가 아님을 강조한 것이라 하겠다.

일본의 역사를 기록한 일본 정부의 공식지도들은 독도가 일본의 고유 영토라는 일본 정부의 주장을 스스로 부정하고 있다.

일본, 증거를 없애려 하다

1882년 독도의 원래 이름이던 우산도가 없어지고, 돌섬이던 이곳에 독도라는 이름이 붙은 것이 정확히 언제인지 알지 못했다. 하지만 1904년 9월 25일 일본의 군함 니타카 항해일지에 독도라는 이름을 처음 기록한 것이 발견되었다.

> **한국인은 이것을 독도라고 쓰고 본국의 어부 등은 줄여서 리안코도라고 칭한다.**

이 자료는 일본 도쿄의 국립공문서관이 소장하고 있는 일본의 공식기록이다. 일본은 1905년에 시마네현으로 독도를 편입한 것보다 앞선 1904년 9월에 이미 한국에서 '독도'라는 명칭을 사용

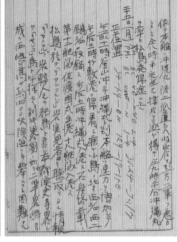

사진 59 군함 니타카 일지의 표지　　　　사진 60 군함 니타카 일지의 독도 언급 부분

하고 있던 사실을 스스로 확인한 것이다. 군함 니타카를 탄 일본 군인들은 울릉도에 가서 울릉도 어민 중 실제로 독도를 본 사람에 독도의 이름을 확인한 것으로 기록되어 있다.

1904년은 한국과 일본의 어민이 어패류와 강치를 잡기 위해 독도에 상륙한 시기이기도 하다. 당시 한국은 독도라는 고유의 섬 이름을 가지고 있었다. 그러나 일본은 자신들만이 부르는 명칭이 없었다. 때문에 독도를 프랑스가 이름 붙인 리앙쿠르 락스를 줄여서 리안코도라고 불렀다. 이 역시 공식문서인 군함 일지에 기록된 내용이다.

이것은 아무리 늦어도 1904년에는 한국이 작은 바위섬을 독도라고 부르며 실질적으로 지배했다는 사실을 증명해 준다. 게다가 일본은 고유 이름이었던 '마쓰시마'를 잊어버린 상태였다. 이러한 일본은 당연히 독도에 관한 영유권 개념조차 없었다. 따라서 독도를 주인 없는 땅인 무주지라고 판단했고, 1905년에 시마네현 오키섬으로 편입시켰다. 하지만 군함 니타카 항해일지로 1904년에 그곳을 독도라고 부르는 한국이라는 주인이 있었다는 사실이 확인된 것이다. 니타카 항해일지는 단순히 독도라는 고유 명칭을 확인해 준 역사적 사실을 넘어 적어도 한국이 일본보다 먼저 독도를 실질적으로 지배한 국가라는 증거가 되는 귀중한 자료다.

실제로 일본은 1945년 전쟁에서 패한 뒤 독도라는 이름을 계속해서 미국에 숨기려 했다. 게다가 이 섬에는 한국인이 붙인 이름은 없으며 다케시마라는 일본 이름만 있을 뿐이라고 우기기도 했다. 때문에 미국을 비롯한 연합국은 독도라는 이름을 알지 못했다. 이들 사실은 섬의 명칭이 있느냐 없느냐가 영유권과 관련이 있다는 것을 뜻한다.

예를 들어 미 국무성 문서 중「한일 간 리앙쿠르 락스(다케시마 혹은 독도)에 대한 논쟁」이라는 것이 있다. 이 문서는 1952년 2월 4일 작성되어 현재 미국 공문서관USNARA이 소장하고 있다. 여기에는 다음과 같은 기록이 있다.

1947년 일본 정부는 일본에 인접하는 작은 섬들에 대한 연구를 공표

했다. … 이 연구는 일본인들이 마쓰시마, 현재는 다케시마라고 부르

는 섬에 대해 옛날부터 잘 알고 있었다고 주장한다. … 그러나 한국인

들은 이 섬에 대해 그들의 이름을 갖고 있지 않다고 일본 정부는 주장

한다. 이 섬보다 북서 방향 가까운 거리에 위치한 울릉도에는 이름을

부여했는데 말이다. … 1912년 일본의 산세이도三省堂가 출간한 일본

백과대사전 6권 880페이지에 보다 상세한 기록이 있다.(밑줄은 필자)

　위 인용문을 보면 일본 정부가 1947년에 독도를 일본 영토로
만들려고 미국을 상대로 로비를 감행한 것을 알 수 있다. 그 과정
에서 독도라는 한국 명칭이 없다고 우겼다. 그것을 1952년 2월에
작성한 미 국무성의 비밀문서가 밝힌 것이다. 미국은 1951년 8월
주한 미국대사인 존 무초에게 독도 문제를 조회하는 과정에서 처
음으로 '독도'라는 한국 명칭이 존재하는 것을 확인했다.
　그동안 일본은 섬 이름도 모르는 나라가 그 섬에 대한 주권을
가질 수는 없다고 주장해 왔다. 이런 상황에서 1904년에 작성한
일본 공식 문서에 우리가 독도라는 명칭을 사용한 것을 확인할
수 있다는 것은 매우 중요한 사실이다.
　국제법적으로 지명이라는 것은 대단히 큰 의미를 가진다. 독도
를 두고 다케시마, 리앙쿠르 락스, 독도라는 세 가지 명칭이 존재

하며 이는 아직 전 세계적으로 통일되지 않았다. 독도 주권을 둘러싼 한일 간의 갈등이 아직 끝나지 않았기 때문이다.

미국 지명위원회는 주권이 인정되지 않은 땅에는 그곳의 주권을 주장하는 나라가 이름 붙인 지명도 인정하지 않는다. 가장 좋은 예가 바로 센카쿠 열도다. 이곳을 실질적으로 지배하는 것은 일본이지만 중국과 대만이 거세게 항의하고 있다. 중국과 대만은 센카쿠 열도를 '댜오위다오'라고 부른다. 그런데 미국은 중국과 대만의 주장을 일제 인정하지 않고 있다. 현재 미국 지명위원회의 센카쿠 열도 페이지에는 댜오위다오라는 명칭이 빠져 있다. 지명은 주권과 밀접한 관계가 있다.

그런데 한국 일각에서는 독도라는 명칭이 한국 문서가 아니라 일본 문서에 최초로 등장했다고 하여 이 사실을 무시하는 경향을 보인다. 이는 오히려 한국이 독도를 실질적으로 지배했다는 귀중한 증거를 없애는 어리석은 행동이므로 주의해야 한다.

05

대한민국 역사가 증명하는
우리 땅 독도

장한상의 《울릉도사적》

17세기 말 조선과 일본 사이에서 울릉도 분쟁이 일어났을 때 조선왕조는 약 180년 만에 삼척 첨사였던 장한상을 울릉도로 파견했다. 장한상은 1694년 9월 19일 삼척을 출발해 9월 20일부터 10월 3일까지 10여 일간 울릉도에 체류했다. 울릉도를 살핀 장한상이 삼척으로 돌아온 것은 10월 6일이었다. 그는 울릉도를 지키며 본 것을 기록해 《울릉도사적》을 펴냈다. 이 책에는 울릉도뿐 아니라 독도에 관한 기록도 담겨 있다. 내용은 다음과 같다.

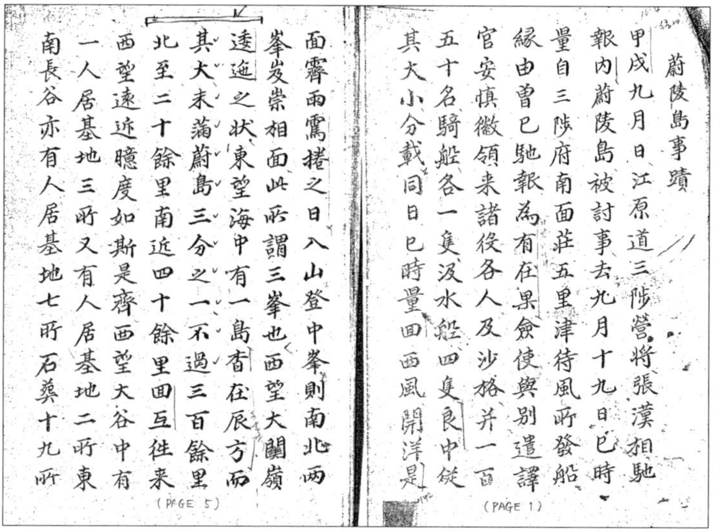

蔚陵島事蹟

甲戌九月日江原道三陟營將張漢相馳
報內蔚陵島被討事去九月十九日巳時
量自三陟府南面莊五里津待風所發船
緣由曾巳馳報為有在果僉使與別遣譯
官安慎徵領来諸役各人及沙格并一百
五十名騎船各一隻汲水船四隻中艇
其大小分載同日巳時量回西風開洋是

(PAGE 1)

面霧雨霉捲之日入山登中峯則南北兩
峯岌崇相面此所謂三峯也西望大關嶺
逶迤之狀東望海中有一島杳在辰方而
其大未滿蔚島三分之一不過三百餘里
北至二十餘里南近四十餘里回互往来
西望遠近臆度如斯是齊西望大谷中有
一人居基地三所又有人居基地二所東
南長谷亦有人居基地七所石葬十九所

(PAGE 5)

사진 61 《울릉도사적》의 독도 관련 부분(독도박물관 소장)

서쪽을 바라보면 대관령의 구불구불한 모습이 보이고 동쪽을 바라보면

바닷속에 한 섬이 보이는데, 아득하게 신辰 방향에 위치하여 그 크기는

울도(울릉도)의 3분의 1 미만이고 (거리는) 300여 리에 불과하다.

장한상이 울릉도의 신 방향, 즉 동남동 방향에서 본 섬이 바로
독도다. 장한상은 독도까지의 거리를 300여 리(약 120km)라고 했
는데, 이것은 울릉도와 독도 간의 실제 거리인 87.4km에 가까운
수치다.

한편 장한상은 독도의 크기를 울릉도의 3분의 1이 되지 않는다

고 했다. 하지만 독도는 실제로 울릉도의 300분의 1 정도의 크기다. 3분의 1이 되지 않는 것은 맞지만 장한상은 생각보다 독도를 상당히 크게 보았다. 사실 울릉도에서 독도를 볼 때 작은 섬으로는 보이지 않는다. 이는 울릉도에서 보이는 독도의 서쪽 부분의 높이 때문이라 할 수 있다. 서쪽의 높이는 약 160m로 섬에서 가장 높은 부분인데 이쪽 때문에 작은 섬으로는 보이지 않는다. 이는 독도에 접근해서 바라봐도 마찬가지다.

일본은 장한상이 《울릉도사적》에 섬의 이름을 쓰지 않았기 때문에 조선이 영유권을 주장한 것이라 볼 수 없다고 비판한다. 그러나 장한상은 조선의 관리로서 목격한 독도를 그대로 기록했다. 만일 독도를 일본의 섬이라고 생각했다면 그 역시 그대로 기록했을 것이다. 그의 기록은 독도를 울릉도에 속하는 섬으로 판단해서 적은 것이다. 장한상은 당시의 독도의 명칭이었던 '우산도'를 기록하지 않았을 뿐 그 섬을 조선 땅이 아니라고 인식한 흔적은 없다.

수토관 파견과 조선의 지도

조선은 1694년부터 1700년대까지 3년에 한 번씩 울릉도에 조사단을 파견했다. 그들을 수토관搜討官이라 했다. 울릉도에 파견된 수토관은 울릉도와 그 주변을 수색했다. 조선에서 수토관 제도가 생겨난 것은 울릉도 쟁계 때문이었다. 180년 가까이 울릉도에 관리를 파견하지 않아 그런 사건이 일어났다는 반성에서다.

수토관 제도 덕분에 1700년대에는 울릉도와 독도에 문제가 발생하지 않았다. 수토관들은 울릉도에서 인삼이나 산삼을 캐고 본토로 가져가기를 허락받기도 했다.

독도의 원래 이름은 우산도다. 조선 지도 중에는 우산도에 산봉우리가 그려진 것이 몇 장 있다. 이런 산봉우리는 울릉도 동쪽 2km 거리에 있는 죽도와 우산도(독도)를 구별하는 표시가 된다.

사진 62 〈해동여지도〉의 울릉도와 독도 부분(국립중앙도서관 소장)

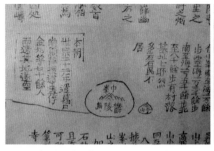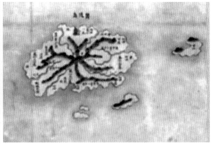

사진 63 〈해좌전도〉의 울릉도와 우산도 부분(규장각 소장)

사진 63 〈강원도지도〉의 울릉도와 우산도 부분(혜정박물관 소장)

죽도에는 산봉우리가 없고 독도에는 있기 때문이다.

19세기 초에 제작된 것으로 알려진 〈해동여지도海東輿地圖〉를 살펴보면 울릉도 옆에 우산도가 그려져 있고 우산도에는 산봉우리가 있는 것을 볼 수 있다. 19세기 중반에 제작된 〈해좌전도海左全圖〉도 마찬가지다. 모두 우산도에는 산봉우리를 그려 넣었다.

일본은 조선 지도에 있는 우산도는 독도가 아니라 울릉도 동쪽 2km 거리에 있는 죽도라고 주장한다. 그러나 죽도에는 산이 없다. 죽도의 북쪽이 약간 높아 지도 속 우산도의 산봉우리가 죽도의 북쪽을 그린 것이라고 하는 사람들도 있다. 죽도의 높아진 부분을 산봉우리로 그릴 수는 없다.

경희대학교 혜정박물관이 소장한 〈강원도지도江原道地圖〉를 보면 울릉도 옆 우산도에는 남쪽에도 산봉우리가 그려져 있다. 이는 독도의 동도와 서도 양쪽에 있는 산봉우리라고밖에 설명할 수 없다.

그럼에도 일본은 지도 속 우산도와 울릉도의 거리가 너무 가까워 우산도는 독도가 아니라고 한다. 당시의 조선 지도는 모두 그림지도였기 때문에 거리가 정확하지 않았다. 일본의 〈교키도〉 역시 그림지도인데 거리나 지형의 모양이 정확하지 않다. 조선 지도도 마찬가지다. 일본은 17세기경 포르투갈에서 지도를 제작하는 신기술을 도입해 예전보다 정확하게 거리를 표시하기 시작했으나 그럼에도 완성도는 떨어졌다. 일본이 실제 거리와 비슷한 정교한 지도를 제작한 것은 1821년에 완성한 이노 다다타카의 〈대일본연해여지전도〉가 처음이다. 그 전까지는 일본도 조선과 같이 그림지도의 시대가 이어졌다. 1779년 나가쿠보 세키스이가 제작한 〈개정일본여지노정전도〉는 처음 경위도를 표시한 지도이지만 정확하지는 않았다. 서양의 지도를 모방해 경위도선을 적당히 일본 전도에 덮어씌웠을 정도였다.

결국 조선 지도에서 우산도와 울릉도의 위치가 너무 가까워 우산도는 독도가 아니라는 일본의 주장은 터무니없는 비방이다.

조선시대에 제작한 지도 중 가장 유명한 것이 1861년 김정호가 제작한 〈대동여지도大東輿地圖〉다. 그런데 우리나라에 현존하는 〈대동여지도〉에는 우산도(독도)가 빠져 있다. 이로 인해 독도를 둘러싸고 논란이 일기도 했다. 그런데 일본 국회도서관이 소장한

〈대동여지도〉에는 우산도(독도)가 그려져 있다.

두 지도가 다른 이유는 정확하게 밝혀지지는 않았으나 한국에 있는 〈대동여지도〉는 판에 지도를 맞추면서 우산도 부분을 제외한 것은 아닐까 추정한다. 다만 일본에 남아 있는 〈대동여지도〉를 통해 김정호가 지도를 제작할 때 우산도를 그려 넣은 것이 역사적 진실임을 알 수 있다. 〈대동여지도〉 속 우산도에도 북쪽과 남쪽에 산봉우리가 그려져 있다. 이것은 독도의 서도와 동도의 산봉우리에 해당한다.

18~19세기 조선은 수토관을 파견해 울릉도와 그 주변 섬들에 대한 지배를 강화했다. 그 과정에서 '우산도'는 일본이 말하는 '마쓰시마(독도)'라는 인식이 생겼다. 이는 《동국문헌비고》와 《만기요람》 등에 기록되어 있다.

18세기 초에는 울릉도 동쪽 2km 거리에 있는 죽도와 독도를 잘 구별하지 못해 죽도로 보이는 섬에 '우산도'라는 애매모호한 명칭을 붙이는 혼란도 있었다. 이후 조선 지도 속 우산도(독도)

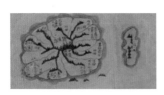

에 산봉우리를 그려 넣음으로써 독도를 정확하게 표시했다. 죽도에는 산봉우리가 없으므로 조선에서 죽도와 독도를 산봉우리로 구별한 것이다.

사진 65 일본 국회도서관이 소장한 〈대동여지도〉. 우산도가 그려져 있다.

울릉도로 옮겨간 조선인들

1700년대에는 3년에 한 번 울릉도로 수토관을 파견한 조선이었으나, 1800년대에 들어서 울릉도 파견을 일시 중단했다. 그러고서는 1840년대에 한 번 수토관을 보내 이상이 없음을 확인한 뒤 다시 파견을 중단해 약 40년간 수토관을 보내지 않았다. 그 결과 조선인과 일본인이 몰래 울릉도에 들어가 거주하기 시작했다.

1882년 일본인 254명이 울릉도에 거주했으며 조선인도 40명 가량 거주했다는 기록이 남아 있다. 이런 보고를 들은 고종은 울릉도를 무인도 정책에서 이주 정책으로 바꿔 지배하기로 한다. 태종이 울릉도에 드나들지 못하도록 명령한 지 약 480년 만의 정책 변경이었다. 조선시대에서 울릉도가 480년 동안 무인도였다는 사실은 조선시대의 대부분을 무인도로 두었다는 뜻이기도 하다.

고종은 울릉도와 주변의 상황을 조사하기 위해 이규원을 '울릉도 검찰사'로 임명해 현지에 파견하기로 했다. 고종은 이규원에게 울릉도는 세 섬이라고 말했다. 울릉도, 송죽도(죽도), 우산도를 언급한 것이다. 그러면서 고종은 이규원에게 세 섬을 잘 조사해 올 것을 명령했다. 이때 고종이 말한 우산도가 바로 독도다.

조선 후기의 재정과 군정에 관한 사항을 모아놓은 《만기요람

萬機要覽》 등을 즐겨 읽던 고종은 이들 문헌을 통해 이미 우산도의 존재를 잘 알고 있었다. 그런데 이규원은 "우산도란 울릉도의 옛 이름"이라고 하면서 "울릉도 옆에는 송죽도 밖에 없습니다"라고 고종에게 답했다. 그러자 고종은 이규원의 말을 일부 수용하면서 도 세 개의 섬이 존재한다고 다시 말했다.

"우산도(울릉도)와 죽도와 송도를 통칭 '울릉도'라고 한다."

여기서 독도를 '우산도'라고 부르던 조선의 관습에 변화가 생겼다. 우산도라는 독도의 옛 명칭이 사라져버린 것이다. 이는 독도라는 새로운 이름이 생기는 계기가 되었다.

이규원이 우산도를 울릉도의 옛 이름이라고 말한 것은 전혀 근거 없는 사실이 아니다. 조선시대 초기에는 울릉도를 우산도라고 부른 기록이 조금 남아 있다. 울릉도 주민들은 우산국의 본도인 울릉도를 그렇게 부른 것으로 보인다. 그러나 무인도 정책으로 울릉도에 살던 사람들이 모두 조선 본토로 이주하면서 울릉도를 우산도라고 부르는 사람들이 사라졌다. 어느새 울릉도는 조선 본토 사람들이 부르던 대로 무릉도, 울릉도라는 이름을 갖게 되었다. 그리고 우산도라는 명칭은 독도의 이름으로 정착되었다.《세종실록지리지》이후의 기록에는 독도를 우산도라 부르는 것을 봐도 이 사실을 확인할 수 있다. 허나 이규원은 그 이전의 공문서에 울릉도가 우산도로 기록된 부분만 기억해 고종에게 잘못된 대답을 한 것으로 보인다.

조선은 일본에 연락해 울릉도에 무단 거주하고 있는 일본인을 모두 데려갈 것을 요구했다. 이에 일본은 울릉도가 조선 영토임을 인정하고 배를 보내 일본인 254명을 모두 일본으로 데려갔다.

조선은 울릉도에 무단 거주하고 있던 조선인을 용서하고 그대로 거주하도록 했다. 대부분 전라도 출신 사람들이었다. 역사적으로 강원도나 경상도는 전라도에 비해 울릉도까지의 거리는 가까웠으나 단속이 심해 가기 어려웠다. 반면 전라도는 비교적 단속이 허술해 해류를 따라 의외로 쉽게 울릉도까지 갈 수 있었다. 이후 조선은 울릉도로 이주할 주민을 모집했고, 약 120명의 울릉도 주민이 생겼다. 이미 그곳에 거주하고 있던 주민들과의 인연으로 새로 이주한 사람들의 대부분이 전라도에서 왔다.

울릉도 주민들은 처음 독도를 '돌섬'이라고 불렀다. 전라도 방언으로 '돌'을 '독'이라고도 부르는 문화가 반영되어 돌섬은 '독섬'을 거쳐 현재의 '독도'라는 이름으로 불렸다. 원래 전라남도

사진 66 《고종실록》 권19, 4월 7일 자 고종과 이규원의 대화

앞바다에는 독도獨島라는 이름을 가진 섬이 있었다. 전라도 사람들이 원래의 우산도에도 독도라는 명칭을 붙여준 것이다. 중앙에서는 '돌섬'을 한자로 표기해 '석도石島'라고 부르기도 했다.

울릉군의 시작

1897년 대한제국을 선포하며 고종은 황제가 되었다. 이때도 울릉도를 개척하는 작업은 계속 진행되었다. 1900년 10월 25일 대한제국은 「칙령 제41호」를 반포해 울릉도를 울도로 개칭하고 군으로 승격시켰다. '울도군'이 출범한 것이다. 현재의 울릉군의 시작이었다.

「칙령 제41호」의 주요 내용은 다음과 같다.

울릉도를 울도로 개칭하여 도감을 군수로 개정한다. … 구역은 울릉도 전체, 죽도, 석도石島를 담당한다.

「칙령 제41호」는 대한제국의 관보에 실렸고 세계적으로 공표되었다. 한국에서 10월 25일을 '독도의 날'로 지정한 것은 「칙령 제41호」가 반포된 날이 10월 25일이므로 그것을 기념하는 뜻에서다.

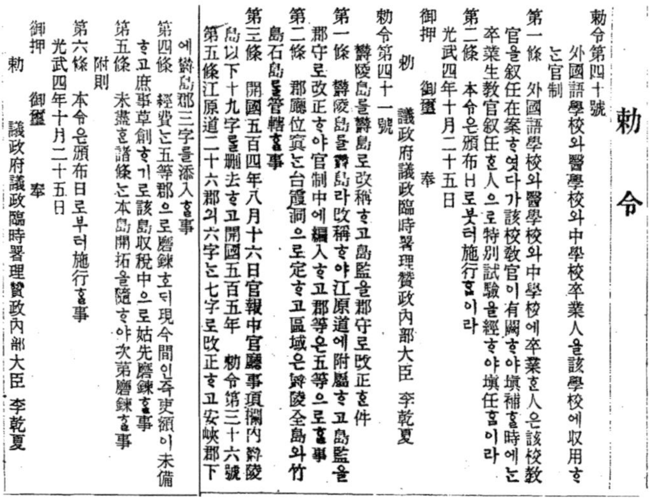
勅令

勅令第四十號
外國語學校와醫學校와中學校卒業人을該學校에收用ᄒᆞᄂᆞᆫ官制
第一條 外國語學校와醫學校와中學校에卒業ᄒᆞᆫ人은該校敎官을叙任在案ᄒᆞ엿다가該校敎官이有闕ᄒᆞ야塡補ᄒᆞᆯ時에ᄂᆞᆫ卒業生敎官叙任ᄒᆞᆫ人으로特別試驗을經ᄒᆞ야塡任ᄒᆞᆷ이라
第二條 本令은頒布日로봇터施行ᄒᆞᆷ이라
光武四年十月二十五日
御押 御璽 奉
勅 議政府議政臨時署理贊政內部大臣 李乾夏

勅令第四十一號
鬱陵島를鬱島로改稱ᄒᆞ고島監을郡守로改正ᄒᆞᆫ件
第一條 鬱陵島를鬱島라改稱ᄒᆞ야江原道에附屬ᄒᆞ고島監을郡守로改正ᄒᆞ야官制中에編入ᄒᆞ고郡等은五等으로ᄒᆞᆯ事
第二條 郡廳位寘ᄂᆞᆫ台霞洞으로定ᄒᆞ고區域은鬱陵全島와竹島石島를管轄ᄒᆞᆯ事
第三條 開國五百四年八月十六日官報中官廳事項欄內鬱陵島以下十九字를刪去ᄒᆞ고開國五百五年 勅令第三十六號第五條江原道二十六郡의六字ᄂᆞᆫ七字로改正ᄒᆞ고安峽郡下에鬱島郡三字를添入ᄒᆞᆯ事
第四條 經費ᄂᆞᆫ五等郡으로磨鍊ᄒᆞ되現今間인즉吏額이未備ᄒᆞ고庶事草創ᄒᆞ기로該島收稅中으로姑先磨鍊ᄒᆞᆯ事
第五條 未盡ᄒᆞᆫ諸條ᄂᆞᆫ本島開拓을隨ᄒᆞ야次第磨鍊ᄒᆞᆯ事
附則
第六條 本令은頒布日로부터施行ᄒᆞᆯ事
光武四年十月二十五日
御押 御璽 奉
勅 議政府議政臨時署理贊政內部大臣 李乾夏

사진 67 「칙령 제41호」

그러나 10월 25일을 '독도의 날'로 지정한 것은 지방자치단체나 독도 관련 단체 등에 한정되어 있다. 아직 정부가 공식적으로 선포하지는 않았다. 일본 시마네현에서 2월 22일을 '다케시마의 날'로 지정했으므로 한국에서도 독도의 날을 정하자는 목소리가 높았다. 그러나 독도의 날을 지정할 경우 독도가 분쟁지역으로 비칠 수 있어 오히려 역효과를 가져올 위험이 있다.

앞서 1882년 고종은 울릉도를 세 개의 섬이라고 강조했다. 독도에 관한 고종의 인식이 대한제국 「칙령 제41호」 속 울도군의 범위에 영향을 주었다고 볼 수 있다. 칙령이란 황제의 명령이기 때문이다. 그러므로 울도군의 구역을 울릉도 전체와 죽도 그리고 석도라고 한 고종의 뜻에 따라 석도는 독도라고 할 수 있다.

「부산영사관보고서」 속 독도

부산(일본)영사관은 19세기 말부터 조선과 일본 사이의 거래에 관한 기록을 남겼다. 그중 1899년에 울릉도와 관련한 내용이 있다. 일본인이 울릉도에서 잡은 어패류를 일본으로 수출할 때 울릉도 도감에게 수출세를 냈다는 것이다. 그 내용은 다음과 같다.

> 수출세의 건 : 수출품에 대해서는 전 도감 오상익과 울릉도에 있는 일본인들 사이에 조약문이 있다. 수출할 때마다 수출액의 100분의 2에 해당하는 콩을 수출세로 도감에게 납부해야 한다. 현 도감 배계주도 오늘날까지 이 조약에 따라 (수출세를) 징수해 왔다.

보고서를 보면 일본인은 울릉도감과 조약을 맺고 울릉도에서 채취한 물건을 일본으로 수출할 때 수출액의 2%를 수출세로 낸 것을 알 수 있다. 수출세는 콩으로 지급했다. 이는 매우 중요한 증거 자료다. 특정 땅을 이용하는 사람에게 세금을 부과하는 행위는 그 땅에 대한 실질적 지배를 뜻하기 때문이다.

사진 68 「부산영사관보고서」 표지

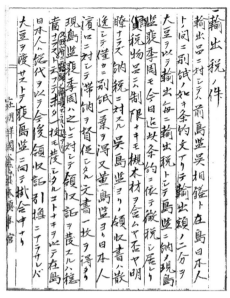

사진 69 1899년 「부산영사관보고서」 속 수출세 내용

　그렇다면 일본인이 독도에서 잡은 어패류 등을 일본으로 수출
했을 때도 세금을 낸 기록이 있는지가 매우 중요해진다. 그런 내
용 역시 1902년에 작성된 「부산영사관보고서」에 기록되어 있다.
울릉도와 독도를 오가며 독도에서 전복을 채취한 사람들의 이야
기가 있다. 울릉도를 찾은 일본인 중 다시 독도까지 가서 전복을
채취해 울릉도로 돌아와 그것을 일본으로 수출한 사람들이 있었
음을 증명해 주는 기록이다. 내용은 다음과 같다.

　　그리고 본도(울릉도)의 정동 약 50해리(약 92km)에 작은 섬이 세 개 있

다. 속칭 이것들을 리안코도(독도)라고 하는데 본국인(일본인)은 마쓰시마라고 한다. 몇몇 곳에서 약간의 전복을 채취할 수 있어서 <u>본도로부터 출어해 가는 자가 있다</u>. 그러나 섬 전체에 음료수가 많지 않으므로 오래 출어하기가 어렵다. 그러니 4~5일 지나면 본도로 귀항한다.(밑줄은 필자)

여기에는 중요한 내용이 포함되어 있다. '본도로부터 출어해 가는 자가 있다'라는 부분이다. 출어해 간다는 것은 전복을 잡으러 배가 나간다는 뜻이다. 이들을 한국인으로 해석하면 1905년 이전에 한국이 독도에서 전복을 채취하며 실질적으로 지배했다는 증거가 된다. 사실 1904년에 작성된 일본 군함 니타카의 항해일지만 봐도 이미 그 시점에 한국인이 독도에서 출어했을 가능성이 크다는 걸 알 수 있다.

반대로 '출어해 가는 자'를 '일본인'으로 해석할 경우 그들이 독도로 가서 전복을 채취한 뒤 4~5일 뒤에 울릉도로 귀항했다는 뜻이 된다. 일본인들은 독도에서 잡은 전복을 일본으로 수출할 때 울릉도 도감에게 수출세를 냈다. 결국 독도에서 잡은 어패류에 대해서도 울릉도 도감에게 수출세를 냈다는 것은 한국이 독도를 실질적으로 지배했음을 나타낸다.

즉 1905년 이전에도 독도가 조선 땅이었기 때문에 일본인들은

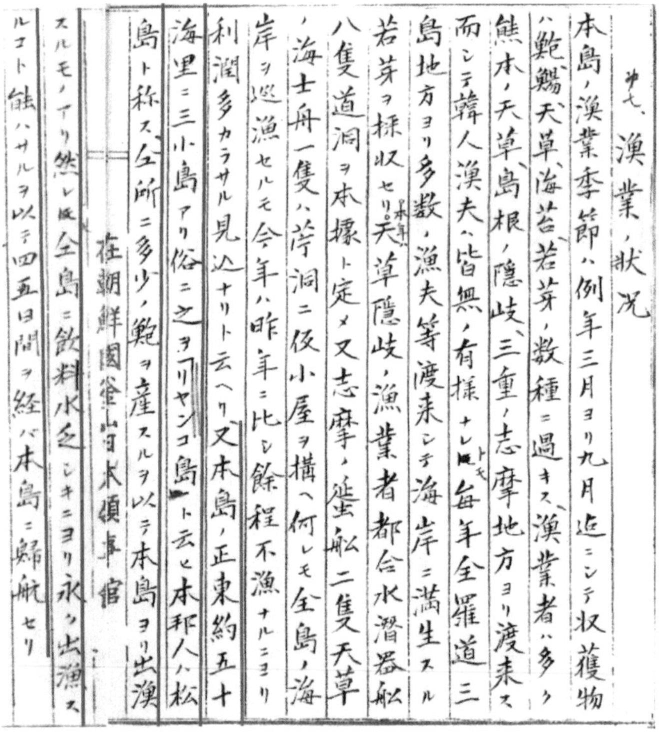

サ七、漁業ノ状況

本島ノ漁業季節ハ例年三月ヨリ九月迄ニシテ収獲物ハ鮑、鰯、天草、海苔、若芽、数種ニ過キス、漁業者ハ多ク熊木、天草島根、隠岐、三重ノ志摩地方ヨリ渡来ス而シテ韓人漁夫ハ皆無ノ有様ナレトモ毎年全羅道ノ島地方ヨリ多数ノ漁夫等渡来シテ海岸ニ満生スル若芽ヲ採収セリ、天草隠岐ノ漁業者都合水潜器械八隻道洞ヲ本據ト定メ又志摩ノ延航二隻天草、海士舟一隻ハ苧洞ニ俟小屋ヲ横ヘ何レモ全島ノ海岸ヲ巡漁セルモ今年ハ昨年ニ比シ餘程不漁ナルニヨリ利潤多カラサル見込ナリト云ヘリ又本島ノ正東約五十海里ニ三小島アリ俗ニ之ヲリヤンコ島ト云ヒ本邦人ハ松島ト称ス全所ニ多少ノ鮑ヲ産スルヲ以テ本島ヨリ出漁スルモノ有リ然レ共島ニ飲料水乏シキニヨリ永ク出漁スルコト能ハサルヲ以テ四五日間ヲ経ハ本島ニ帰航セリ

在朝鮮国釜山日本領事官

사진 70 1902년 「부산영사관보고서」 속 독도와 울릉도 내용

울릉도와 독도에서 어패류를 잡을 때마다 울릉도 도감에게 수출세를 낸 것이다. 이런 역사적 사실이 존재함에도 독도를 일본으로 편입한 이유가 주인 없는 섬을 먼저 차지한 것이라는 일본의 논리는 성립되지 않는다.

4장

영토 문제를 움직이는
역사의 힘

17세기 말 일본 에도막부는 울릉도를 조선 영토로,

독도를 울릉도에 속하는 섬으로 인정해 스스로 울릉도 문제를 해결했다.

지금의 독도 문제도 일본이 러일전쟁을 구실로

독도를 대한제국으로부터 약탈한 당시의 침략 행위를 뉘우치고

독도를 스스로 한국 영토로 인정하는 것이 일본과 한국 모두를 위한

가장 이상적인 결단이라 하겠다.

01

지리적 · 정치적으로
접근한 독도

지정학의 중요성

역사는 영토 문제를 움직이는 데 큰 역할을 한다. 우리가
독도 문제를 해결하기 위해서는 한국을 둘러싼 역사에 어떤 힘이
작용하고 있는지를 알아야 한다. 또한 주변 열강의 영토 전략을
알아야 독도를 비롯한 문제를 대비하고 해결할 수 있다.

사실 한국에서 지정학적 연구는 꽤 오랜 시간 금기시됐다. 역
사를 설명하고 독도 문제를 전망하는 데 도움이 되는 것은 맞다.
하지만 한국은 그동안 지정학적 위치 때문에 역사적으로 많은 희
생을 당했다. 때문에 지정학을 거론하길 꺼려 왔다. 그러나 이 책

에서는 세계열강의 시각을 알기 위해 과감하게 지정학을 거론하고자 한다.

그렇다면 한반도의 지정학적 위치를 파악하기 전에 먼저 지정학에 관해 잠시 알아보자. 지정학Geopolitics이란 한마디로 '나라의 지리적 위치 관계가 정치, 국제 관계 등에 미치는 영향을 연구하는 학문'이다. 그러므로 지정학적 관점은 영토 문제와 깊은 관련이 있다. 지정학은 영국, 독일, 미국 등에서 국가전략에 과학적 근거와 정당성을 부여하기 위해 연구되어 왔다. 한반도는 역사적으로 볼 때 지정학적으로 늘 희생되는 지역이었다. 따라서 지정학적 위치를 알고 독도 문제를 해결할 방법을 찾는 것이 매우 중요하다.

지정학적 관점은 고대 그리스의 역사가 헤로도토스가 쓴 책 《역사》에서 기원을 찾을 수 있다. 헤로도토스는 그리스의 페르시아 전쟁을 연구하며 민족의 운명이 지리적인 환경과 깊은 관계가 있음을 밝혔다.

근대로 넘어와서는 독일의 철학자 임마누엘 칸트가 지정학 연구를 최초로 시작했다. 그는 새로운 세계관으로 지리학을 자연과학과 관련지어 이해했다. 이후 많은 지리학자, 역사학자들이 지정학 연구를 이어갔다. 특히 19세기 독일의 지리학자인 프리드리히 라첼은 '정치 지리학'의 큰 발전을 이루기도 했다. 지정학이라는 말은 라첼의 영향을 받은 스웨덴의 정치학자 루돌프 셸렌의 책 《유기체로서의 국가Staten som Lifsform》에서 처음 사용되었다.

1920년대에는 〈지정학〉이라는 잡지를 간행하기 시작한 독일을 중심으로 지정학 연구가 이루어졌다. 그러나 내륙국가인 독일을 중심으로 한 지정학은 약육강식의 논리를 반영하면서 제국주의를 정당화했다. 이는 곧 국가의 생존전략을 위해 다른 나라에 대한 침략을 허용하는 논리가 되어 갔다. 이를 가리켜 '대륙국가 계열의 지정학'이라고 한다. 이와 달리 영국이나 미국 등의 해양국가가 발전시킨 지정학은 '해양국가 계열의 지정학'이라 부르며 구분한다.

대륙국가 계열의 지정학

대륙국가의 지정학을 알기 위해서는 먼저 프리드리히 라첼의 이론을 이야기하지 않을 수 없다. 라첼은 근세 독일인 비스마르크 시대의 식민지 획득에 논리적 근거를 제공한 독일의 지리학자다.

라첼은 국가를 국토와 국민으로 형성된 유기체이자 생명체라고 주장한다. 그리고 국력은 국토 면적에 의존한다며 결국 영토가 큰 나라가 국력도 크다고 내세웠다. 그는 국경이란 국가 내부의 동일성을 보장하는 경계선이지만 국가의 성장에 따라 국경이 유동적으로 변화한다고 말했다. 즉 영토 확장이란 국가가 성장하는 과정에서 일어날 수밖에 없는 결과라고 여긴 것이다. 결국 그는 국가란 국경을 확장함에 따라서 국력을 확대한다는 지론을 펼쳤다.

라첼은 국가란 보다 약소한 국가를 흡수하면서 성장한다는 논리를 세워 자신의 이론에 침략성을 더했다. 그는 국가가 약소국의 모든 지형, 자원, 정치경제의 중추 지역을 흡수해 나가는 것이야말로 강대국의 자연스러운 현상이라며 끝까지 뜻을 굽히지 않았다. 당시는 이런 끔찍한 논리를 금지할 만한 어떠한 국제조직도 존재하지 않았다.

그러면서 라첼은 국가가 영토를 확장하게 되는 것은 외부, 즉 다른 나라가 영토를 확장하려는 움직임에서 비롯된다는 식으로 말을 돌렸다. 다른 나라가 공격해 오면 영토 확장에 나선다는 말로 자신의 논리를 정당화시킨 것이다.

지정학이라는 말을 만든 루돌프 셸렌의 이론도 이와 비슷하다.

셸렌이 태어난 스웨덴은 덴마크, 러시아, 폴란드 등과 많은 전쟁을 겪었다. 셸렌은 스웨덴의 웁살라 대학에서 역사학과 정치학을 가르쳤다. 그가 1916년 펴낸 저서에는 국가를 5단계로 구분한 연구법이 있다. 첫 번째 단계는 국가와 그 지리적 위치 사이의 관계다. 이 부분을 설명하면서 지정학이라는 단어를 처음 사용했다. 이후 지리와 정치적 관계를 연구하는 학문을 일컬어 지정학이라고 불렀다.

셸렌은 국가란 고도한 생명조직체이고 국토에 의존한다고 주장했다. 따라서 국가가 생존하는 데는 무엇보다 먼저 힘이 필요하고, 그다음이 법이라고 강조했다. 법을 정당화하기 위해 힘이 필요하다는 논리다.

그는 해양국가에 관해서도 언급했다. 해양국가는 대륙국가가 되려고 하고 여기서 대립이 시작된다. 최종적으로 절대적인 대륙국가가 된 나라가 세계의 바다를 지배하게 된다고 보았다. 그는 국가에서 자급자족이 가장 중요하므로 국가는 필요한 땅이나 자원을 얻을 권리가 있다고 하여 역시 타국에 대한 침략을 허용했다.

이런 논리가 당시 유럽 국가들이 세운 국가전략의 기초가 되었다고 하니 놀라울 따름이다. 이후 제2차 세계대전을 경험하면서 평화 유지를 위한 국제기구인 유엔이 설립되었고, 지금은 세계 모든 국가를 대상으로 다른 나라의 영토를 침략하는 행위 자체가 금지되어 있다.

하지만 지금은 견고해 보이는 유엔의 체제도 역사의 흐름 속에서 언제 무력화될지 모르는 일이다. 때문에 라첼과 셸렌이 주장한 논리가 부활해 우리가 희생양이 되지 않도록 만전을 기해야 할 것이다.

독일의 나치 정권에서 지리학자로 활동한 카를 하우스호퍼 역시 지정학을 통해 주변국의 침략을 합리화했다. 그는 라첼과 셸렌의 이론을 발전시켜 국가의 자급자족을 위한 '생존권 이론'을 전개했다. 이는 나치 독일에 직접적인 영향을 주며 다른 나라를 침략하는 이론적 근거가 되었다.

그의 핵심 이론은 다음과 같다.

"국가는 그 국력에 상응하는 자원을 얻을 영역으로 '생존권'을 획득하려고 한다. 그것이 국가의 권리다. 국가는 '생존권'과는 별도로 '경제적으로 지배하는 지역'을 확립해야 한다. 즉 국가가 경제 성장을 계속하기 위해 식민지와 같은 '경제적 지배권'을 획득해야 한다."

하우스호퍼는 국가가 자급자족을 위해 국경 주변의 국토를 넓혀나가는 것을 국가의 생존권이라며 정당화했다. 또한 국가의 영토와 떨어져 있는 지역에 경제적 지배권, 즉 식민지를 만드는 것도 정당화했다. 이 논리는 당시 식민지를 넓혀 나가는 영국이나 프랑스에 맞서고, 독일의 입장에 맞춘 식민지 정책을 정당화하기 위해 만든 이론에 불과하다.

해양국가 계열의 지정학

독일을 중심으로 발전한 대륙국가 계열의 지정학과 달리 영국이나 미국 등의 해양국가는 그들의 상황에 맞는 다른 지정학 이론을 개발했다. 이들이 연구한 지정학 이론은 세 가지로 나눌 수 있다. 첫째는 해양 세력이 강한 해양국가에 관한 시 파워sea power 이론이고, 둘째는 지상 세력이 강한 대륙국가에 관한 랜드 파워 land power 이론, 셋째는 정치적·전략적으로 중요한 주변 지역 국가에 관한 림랜드lim land 이론이다. 림랜드란 유라시아 연안지대를 가리킨다. 한국은 림랜드에 속하는 국가다.

먼저 시 파워 이론을 살펴보자. 이 이론은 미국 해군 장교이자 지정학자인 알프레드 마한이 주장한 것이다. 그는 해양국가의 전략적 관점에서 시 파워 이론을 연구했다. 그가 주장하는 내용은 다음과 같다.

"세계 대국이 되기 위한 절대적 전제조건은 해양을 장악하는 일이다. 그런데 대륙국가가 해양국가가 될 수는 없다. 대륙국가에는 항상 인접 국가와의 생존 경쟁이 존재하므로 해양으로 진출하기 위한 비용을 감당하지 못한다. 따라서 미국은 영국과 필적할 강국이 되기 위해 해군력을 증강하고 해로를 확립할 필요가 있다."

마한의 이론은 한마디로 해로 확립 이론이자 해양의 요지를 장악하려는 전력 이론이다. 이는 미 해군의 전략에 큰 영향을 주었다. 미국은 파나마 운하를 지배하면서 하와이, 괌, 필리핀 등을 지배하거나 이들 국가에 영향력을 행사했다. 이 이론은 지금도 미국의 전략으로 이용되고 있다. 그러므로 해양의 섬 독도를 보는 미국의 시각은 전략적이라 할 수 있다.

일본도 최근에는 미국의 시각을 수용해 해양 정책을 구축했다. 그들 정책의 핵심은 일본 본토에서 떨어진 독도와 같은 섬을 장악하려는 전략이다. 이런 섬을 일본 영토로 만들면 그 섬을 기점으로 배타적 경제수역 200해리까지 일본의 해양 영토로 만들 수 있다는 것이다. 실제로 2012년 일본은 해양 영토가 일본 국토 면적의 12배에 달했다고 공표하기도 했다.

두 번째 해양국가 지정학은 해퍼드 매킨더의 랜드 파워 이론이다. 영국의 지리학자이자 정치가인 매킨더는 1900년대 초의 유라시아 대륙을 세 가지로 구분해 연구했다. 먼저 그는 유라시아 대륙의 중심을 세계의 심장부heartland라고 주장했다. 그리고 이 심장부를 지배하는 나라는 세계를 지배하는 것과 같다고 말했다. 이곳은 현재의 러시아와 중국의 북부지방이다.

그리고 유라시아 대륙의 반도 부분에 있는 스칸디나비아에서 중국 해안까지 펼쳐진 연속된 띠 모양의 심장부 주변을 '안쪽 초

승달 지대inner or marginal crescent'라 불렀다. 이 외벽을 '바깥쪽 초승
달 지대Lands of outer or insular crescent'가 둘러싸는 것이 세계의 구조라
는 것이다. 매킨더는 초승달 지대의 세력은 심장부를 목표로 한
다고 주장했다.

그는 '매킨더의 명언'이라 불리는 말을 남기기도 했다.

"동유럽을 지배하는 자가 심장부를 지배하고, 심장부를 지배하
는 자가 세계섬world-island을 지배하며, 세계섬을 지배하는 자가 세
계를 지배한다."

여기서 세계섬은 유라시아 대륙을 뜻한다. 매킨더의 말은 나치
독일이 구소련을 공격하면서 그대로 적중했다. 그런데 독일은 전
쟁에서 패배하고 말았다. 결국 동유럽을 지배한 것은 구소련이
었다. 그러나 구소련도 끝내 세계섬 지배에는 실패하며 붕괴하고
말았다. 매킨더의 이론이 적중한 부분도 있지만 전체적으로 볼
때 아직은 옳다고 하기 어렵다.

또한 매킨더는 유라시아 대륙에 존재하는 국가를 시 파워 국가
와 랜드 파워 국가로 나누며 이들이 대립 관계에 있다고 분석했
다. 그는 랜드 파워 국가가 유럽을 중심으로 전쟁을 일으켜 그것
을 확대해 나갈 것이라고 예견했고, 실제로 나치 독일과 구소련
이 치열한 패권 싸움을 전개했다.

세 번째 이론인 림랜드 이론은 미국 예일대학에서 정치학을 가

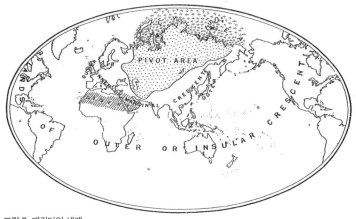

그림 8 매킨더의 세계

르친 니콜라스 스파이크맨이 주장한 것이다. 림랜드란 유라시아 연해지대를 말하는데 매킨더가 말한 초승달 지대 언저리라고 볼 수 있다.

스파이크맨은 랜드 파워 국가와 시 파워 국가의 분쟁이 모두 림랜드에서 발생했다고 지적한다. 그러므로 림랜드가 가장 중요한 지정학적 지역이라는 것이다. 림랜드에 속한 한국은 이 이론을 자세히 살펴볼 필요가 있다. 우리나라의 영토 문제에도 중요한 자료가 될 것이다.

스파이크맨은 "림랜드를 지배하는 자는 유라시아를 지배한다. 유라시아를 지배하는 자는 세계의 운명을 지배한다"라고 말했다. 그는 미국의 지정학과 관련해 다양한 연구를 해왔다. 연구 결과와 그의 의견은 현재까지 미국의 대외전략으로 힘을 발휘했고 한국은 그 전략 속에 말려들어가기도 했다. 그 내용을 살펴보자.

스파이크맨은 "심장부를 지배하는 국가가 림랜드 국가를 지배하지 못하도록 해야 한다"라고 미국에 조언했다. 예를 들어 러일전쟁 때 미국은 러시아의 남하를 막으려고 또 하나의 시 파워 국가인 일본을 내세워 러일전쟁에 관여했다. 실제로 군사력을 제공하지는 않았지만 배후에서 일본을 지원한 것이다.

그리고 림랜드 국가인 대한제국을 러시아가 지배하지 못하도록 대한제국에 대한 지배권을 일본에 승인해 주었다. 이는 지금 일본이 독도를 자신의 땅이라고 우기는 중요 요인 중 하나다. 미국과 영국은 1905년 7월 일본과 가쓰라-태프트 밀약을 맺고 일본이 미국의 필리핀 지배를 인정하는 대신 일본의 대한제국 지배를 인정했다. 그 후 러시아의 승인까지 얻은 일본은 림랜드 대한제국을 보호국화, 식민지화하여 미국과 영국의 묵인 아래 대한제국을 지배했다. 이 과정에서 독도가 일본으로 불법 편입된 것이다.

지정학적으로 볼 때 구한말의 열강에 의한 중국 분할, 그리고 러시아의 남하 저지 등으로 일본이 한국을 지배하고 독도를 편입하는 결과를 가져온 것이다. 한국이 "독도 문제는 역사 문제다"라고 주장하는 것을 지정학적으로 이해할 수 있는 셈이다.

스파이크맨의 조언을 확인할 수 있는 또 하나의 사례는 바로 한국전쟁이다. 1950년 6월 한국전쟁이 일어났을 때 시 파워 미국과 연합국은 즉시 개입해 림랜드 한국을 보호했다. 이때 북한은 중국, 구소련과 연합해 랜드 파워의 영향 아래 있었다. 맥아더 장군이 인천상륙작전으로 림랜드의 한쪽인 북한이 수세에 몰리자 중국군이 대거 개입했다. 그 결과 랜드 파워 중국과 구소련, 그리고 시 파워 미국과 연합군은 38도선에서 림랜드 한반도를 재분단하면서 지정학적 균형을 이뤘다.

스파이크맨의 두 번째 조언은 "심장부에 대한 침입 경로를 막는 강력한 림랜드 국가가 건설되지 않도록 해야 한다. 그리고 미국은 미국을 빼고 형성된 림랜드 국가 간의 동맹을 분단시켜야 한다"라는 것이다.

일본이 한국과 대만을 식민지화하면서 림랜드 지역에 강력한 제국을 건설하기 시작하자 미국이 이를 봉쇄한 것이 이에 해당한다. 지정학적 관점으로 볼 때 일본은 심장부의 침입을 막는 강력한 림랜드 세력을 건설하고 있었다. 이를 저지하기 위해 미국은 일본의 진주만 기습 공격에 맞서 태평양전쟁을 일으켰다. 이전까지 시 파워 국가로서 지정학적으로 같은 방향에 서 있던 두 나라가 전쟁을 치른 것이다.

이는 작은 시 파워였던 일본이 림랜드 지역을 점령하면서 만주와 중국까지 지배할 경우, 강력한 랜드 파워까지 갖는 제국이 될 우려 때문이었다. 이를 받아들일 수 없는 미국을 비롯한 연합국 은 일본을 패배시켰다.

스파이크맨의 마지막 조언은 "심장부에 대한 침입 경로에 있 는 림랜드의 주요 국가들과 미국이 동맹을 맺어야 한다"라는 것 이다.

현재 미국의 아시아 전략은 미일동맹과 한미동맹을 기축으로 하고 있다. 일본에는 아시아 미군의 약 50%에 달하는 5만 명 정 도의 병력이 주둔하고 있다. 미군기지만 109개에 달한다. 일본 내 미군은 육군이 아닌 공군과 해군에 주력한다. 한편 한국에는 약 2만 8,000명의 미군이 주둔하고 있으며 85개의 미군기지가 있다. 한국 내 미군은 형식적으로는 연합군이며 육군이 중심이 다.

2007년 이후 미국, 일본, 호주, 인도의 비동맹 4개국 군사협력 이 강화되었다. 인도는 대표적인 림랜드 국가이지만 오랫동안 비 동맹 정책을 고수해 왔다. 그러나 최근 들어 미국과 인도의 합동 군사훈련이 많아지고 있다. 중국을 겨냥해 군사협력을 강화한 것 이다.

미국은 2012년 호주와도 군사협정을 맺으며 호주 북쪽 지역에 미군 해병대가 주둔하기 시작했다. 2015년 7월 진행한 미국-호주 합동군사훈련에는 일본 자위대가 처음 참가했다. 미국-호주-일본이 합동상륙작전을 펼친 것이다. 이 외에도 미국은 2014년에 필리핀과 '신방위협력 강화협정'을 체결했다. 미군의 필리핀 군사기지 사용과 미군의 필리핀 주둔 확대가 허용되었다.

이처럼 미국은 스파이크맨의 조언대로 림랜드(혹은 매킨더가 말한 안쪽 초승달 지대)에 있는 여러 나라와의 협력을 강화하고 있다. 동시에 매킨더의 바깥쪽 안쪽 초승달 지대에 위치하는 호주 등과도 군사협력을 맺었다. 미국은 당분간은 군사적·경제적으로 부상하는 중국을 포위하는 전략을 사용할 것으로 예측된다.

아시아의 또 다른
영토 문제

중국, 대만 일본의 센카쿠 열도

센카쿠 열도는 일본 오키나와 본섬에서 약 410km, 대만으로부터 약 170km, 중국 본섬에서 약 330km 떨어진 지점에 위치한다.

센카쿠 열도는 중국, 대만, 일본이 영유권을 주장하고 있는 지역이다. 현재 이곳을 실질적으로 지배하는 나라는 일본이다. 세 나라가 영유권을 주장하는 데는 여러 이유가 있으나 최근 갈등이 발생한 원인을 중심으로 살펴보자.

1952년 4월 발효된 연합국과 일본 간 대일강화조약에서 센카

그림 9 센카쿠 열도의 위치

쿠 열도는 남서 제도 일부로 미국의 행정 아래 들어갔다. 여기서 일본은 1972년 5월 미국이 오키나와를 일본에 반환할 때 센카쿠 열도도 함께 일본으로 반환했다고 주장한다.

그런데 최근 일본이 미국 정부의 전화 녹취록을 연구한 결과가 나왔다. 1971년 미국이 센카쿠 열도를 일본 밑에 두기로 했으나, 그것이 센카쿠 열도에 대한 중화민국(현재의 대만)의 영유권 주장을 침해하는 것은 아니라고 전달했다는 것이다. 즉 일본과 중화민국 모두에게 영유권을 인정하는 의견을 보낸 것이다.

당시 미국과 중화민국은 섬유 교섭을 진행 중이었다. 닉슨 미국 대통령은 교섭을 미국에 유리하게 진행하는 것이 재선에 도움이 된다고 판단했다. 이 사실을 알고 있는 대만은 "미국이 오키나와를 일본에 반환할 때 센카쿠 열도는 일본에 반환하지 말고 그대로 미국이 권한을 가지고 통제한다면 대만은 미국과의 섬유 교섭에 타협하겠다"라고 미국에 강력히 제의했다. 그리고 이 사실은 모두 녹취록에 기록되었다.

그러나 헨리 키신저 안보 보좌관은 센카쿠 열도를 계속해서 미국이 통제하는 것에 반대했다. 결국 미국은 센카쿠 열도를 일본이 관리하도록 하는 동시에 중화민국의 센카쿠 열도에 대한 영유권 주장을 부정하지 않겠다는 이중 플레이를 하고 만 것이다.

그리고 중국은 이들과 달리 자신들은 대일강화조약에 관여하지 않았으므로 여기서 결정한 내용을 인정할 수 없다고 주장한다.

중국과 일본의 합의

이런 와중에 1972년 9월 중국(중화인민공화국)과 일본이 국교를 정상화하면서 공동성명을 발표했다. 이때 두 나라 사이에서 센카쿠 열도 문제는 보류하기로 합의가 이루어졌다. 한편 일본이 이 당시 중화민국(대만)과 단교했다.

6년 후인 1978년 10월 중일 평화우호조약이 발효되었다. 덩샤오핑 중국 부총리와 일본은 센카쿠 열도 문제를 보류한다는 1972년의 합의를 재확인했다. 그때 덩샤오핑이 다음과 같이 발언했다.

"이 문제는 중일 간 주장에 차이가 있다. 수교했을 때도 두 나라는 이 문제를 언급하지 않기로 했다. 이번에도 언급하지 않기로 일치했다. … 이런 문제는 일시적으로 보류해도 된다. 다음의 세대는 우리보다 지혜가 있을 것이다. 모두 받아들일 수 있는 해결방법을 찾을 수 있을 것이다."

이렇게 중국과 일본은 센카쿠 열도 문제를 다음 세대에 맡긴다는 말로 서로를 자극하지 않도록 합의했다.

당분간 보류할 것으로 보이던 센카쿠 열도문제는 2010년경에 심한 '분쟁'으로 바뀌어버렸다. 그 배경에는 중국이 세계적 경제 대국으로 부상하면서 동시에 민족주의가 부활한 분위기가 존재한다.

2010년 9월 중국 어선이 센카쿠 열도의 접속수역(영토로부터 24해리까지)에 진입했다. 접속수역이란 영해(영토로부터 12해리)로부터 12해리까지를 말한다. 영해는 아니지만 범죄 등의 사고를 예방하기 위해 타국 선박에 대한 검사와 같은 권한이 미치는 수역이다. 이 접속수역 안에서 중국 어선이 일본 순시선에 고의로 충돌한 것이다. 어선은 일본의 해상자위대에 체포당했다.

이에 반발한 중국은 일본에 힘으로 공세를 펼쳤다. 먼저 희토류 금수 조치를 검토하기 시작했다. 또한 간첩 혐의로 중국에 체류 중이던 일본인 4명을 체포하기도 했다. 중국 각지에서 반일시위가 확산되었고 중국 수뇌부는 연일 일본을 비난하는 성명을 내걸었다. 중일 관계가 심하게 악화된 것이다. 결국 민족주의가 부활한 중국은 본격적으로 센카쿠 열도 영유권을 주장하기 시작했다.

그런데 미국이 센카쿠 열도는 일본의 통제 아래 있다면서 중국의 주장에 반기를 들었다. 그리고 계속해서 일본을 압박한다면

미일 안보조약 제5조를
적용하겠다고 수차례
경고하기에 이르렀다.
미일 안보조약 제5조란
미국이 일본 시정 하의
땅이나 시설에 대한 제3
국의 침공에 응징할 수

그림 71 센카쿠 열도

있다는 내용이다. 동맹국 일본에 대한 미국의 집단 자위권을 명
기한 것이다.

2012년 일본은 그동안 사유지였던 센카쿠 열도를 국유지화 하
는 데 힘썼다. 그 과정에서 센카쿠 열도 분쟁은 더욱 악화되었다.
그해 12월에는 아베 신조 내각이 들어서며 정권 교체를 이뤘다.
2014년 11월 중국 베이징에서 아시아 · 태평양경제협력체APEC 정
상회의가 열렸다. 이때 아베는 시진핑 중국 주석에게 중일 정상
회담을 요청했다. 그때까지 한 번도 시진핑과 정상회담을 갖지
못한 상황이 계속되자 일본이 요청한 것이다. 이에 중국은 정상
회담을 하기 위한 조건으로 일본에 센카쿠 열도가 분쟁 지역임
을 인정할 것을 요구했다. 일본은 고민 끝에 센카쿠 열도에는 중
일 간 '이견이 있다'라는 표현을 담은 문서를 보냈다. 이 말은 '의
견의 차이가 있다'라는 뜻이지만 국제법으로 보면 '분쟁'의 존재

를 인정하는 말이다. 일본의 문서를 받은 중국은 중일 정상회담에 임했다. 결국 일본이 센카쿠 열도를 분쟁으로 인정한 것은 중국 외교의 승리라고 볼 수 있다.

이렇게 해서 현재 센카쿠 열도 문제는 중국과 일본 모두 보류하고 다음 세대에게 해결을 맡긴다는 합의가 이루어진 상태다. 그러나 그 후에도 센카쿠 열도를 둘러싼 긴장감은 계속되고 있다. 예를 들어 중국과 동남아 국가들 사이에 있는 남사군도 문제 등에 일본이 간섭하려고 하면 중국은 순시선을 센카쿠 열도 접속수역에 보내 일시적으로 중일 간 긴장을 고조시키는 정책을 취하고 있다. 게다가 일본이 분쟁임을 인정했기에 오히려 센카쿠 열도 문제는 언제든지 다시 가열될 수 있는 상황이다.

센카쿠 열도 문제의 해결방식

중국과 일본의 센카쿠 열도 문제에서 미국은 일본의 편에 서 있다. 미국과 일본은 해양세력으로 작은 섬 하나라도 놓치지 않고 자국의 영역으로 만들겠다는 전략을 세웠다.

그런데 센카쿠 열도로 일본과 갈등하는 것은 중국만이 아니다. 대만도 일본에 센카쿠 열도를 자신들의 영토라고 주장하고 있다. 미국 입장에서 대만은 일본과 같은 자유주의 진영이자 중국과 대립하는 해양세력이다. 그러므로 미국은 세 나라와 지역(미국-일본-대만)의 공조가 중요하다고 판단한다. 따라서 일본과 대만이 센카쿠 열도 문제로 대립하는 것을 원치 않는다. 미국은 대만과 일본 간 영토 문제보다 세 나라와 지역의 협력관계가 더욱 중요하기 때문이다.

이에 일본은 2013년 4월 10일 센카쿠 열도 주변 일본의 배타적 경제수역 일부를 '공동관리수역'으로 지정해 대만 어선의 어업권을 인정했다. 미국과 일본이 대만이라는 시 파워 국가와 공조할 목적으로 센카쿠 열도 문제에서 현실 노선을 채택한 것이다. 미국의 이런 관점은 기본적으로 독도 문제에서도 같다고 봐야 한다.

독도 문제 해법

센카쿠 열도 방식의 적용

　시 파워 국가인 미국은 시 파워 일본이 림랜드 한국과 공조하기를 원한다. 즉 미국은 한일 양국과 함께 가려고 한다. 그러므로 독도 문제가 원활하게 해결되기를 원하고 있다. 여기에는 지정학적으로 독도 문제가 해결될 가능성이 존재한다.

　1905년 지정학적 관점에서 미국과 영국은 배후에서 일본을 지원했다. 그 결과 한국은 일본의 보호국이 되었고 나아가 식민지가 되었다. 그 과정에서 독도는 일본 제국주의의 첫 번째 희생양이 되었다. 그러나 한국이 세계 10위권의 경제 강국으로 힘을 키운 지금은 지정학적 관점이 아직 살아 있다고 해도 조금 다른 방향으로 적용될 수 있다. 이는 독도 문제가 지정학적으로 해결될 가능성이 있다는 뜻이다.

미국이 원하는 한미일 공조를 위해서는 한국과 일본이 첨예하게 대립하는 문제가 해결되어야 한다. 독도 문제는 그중 하나다. 그렇다면 독도 문제를 해결할 방법을 알아봐야 한다.

먼저 독도 문제에 센카쿠 열도 방식을 적용하는 방안을 검토할 수 있다. 여기서 말하는 센카쿠 열도 방식이란 문제 해결을 다음 세대에 맡기고 일본이 독도에 대한 한국의 실효 지배를 사실상 인정하는 것이다. 그렇게 해서 한국과 일본이 국가 차원의 상호 비판을 중단하고 문제 해결을 반영구적으로 보류하는 것이 골자다.

그런데 독도 문제에 센카쿠 열도 방식을 적용할 때 두 문제에는 차이가 있다는 것을 분명히 해야 한다. 센카쿠 열도는 일본이 분쟁이라고 인정했지만 한국은 독도 문제를 분쟁이라고 인정한 적이 없고 앞으로도 없다는 점이다. 이 차이점은 앞으로도 바뀔 가능성이 없다.

또 한 가지 주의할 것은 센카쿠 열도 방식을 적용하면 다시 문제가 불거질 가능성이 있다는 점이다. 물론 독도 문제가 재연되더라도 한국이 독도를 분쟁지역으로 인정하지 않는 이상 독도 문제를 국제사법재판소에 공동으로 회부하거나 '분쟁을 해결하기 위한 교환공문' 방식으로 독도 문제를 취급할 수는 없다. 그러나 다시 문제가 불거지면 어떻게 해결하느냐는 과가 남아 있다. 그러므로 이 방식은 문제의 재연이라는 한계가 있다.

어업협정 재협상 시 독도 문제 해결

1998년 1월부터 1999년 1월까지 한일 양국은 '신한일어업협정'을 맺기 위한 협상을 벌였다. 여기서는 당시 논의된 방식을 다시 검토하고자 한다.

협정을 체결할 당시 한국은 독도를 사람이 거주하기 불가능한 작은 바위로 보고 논의를 진행하려고 했다. 독도에는 사람이 거주하고 있지만, 울릉도나 한국 본토의 도움 없이 독자적인 경제생활이 어렵다고 보았기 때문이다. UN해양법은 독자적 경제생활이 어렵다면 바위라고 규정했다. 그러므로 한국은 일본에 독도를 배타적 경제수역의 기점으로 내세우지 말자고 제의했다. 사람이 거주할 수 없거나 독자적 경제활동을 할 수 없는 바위는 배타적 경제수역의 기점으로 내세울 수 없다는 조항 때문이다.

이 제안에 두 나라가 모두 합의하면 울릉도와 일본 오키섬의 중간선을 배타적 경제수역의 경계선으로 하게 된다. 그리고 오키섬보다 울릉도에 약 70km이나 가까운 독도는 한국 수역으로 들어온다. 이런 방식으로 배타적 경제수역을 결정하면 사실상 독도 문제는 해결되는 것이었다.

일본은 한국의 제의를 적극적으로 검토했다. 그러나 후에 그들은 생각을 바꿨다. 일본 내부 사정 때문이었다. 일본은 도쿄로부터 남쪽으로 약 1,740km 떨어진 곳에 있는 암초인 오키노토리 섬을 사람의 거주가 가능한 섬으로 우기며 암초에서 200해리까지를 배타적 경제수역으로 선언해 왔다. 그런데 밀물 때 수면 위의 면적이 오키노토리 섬보다 훨씬 큰 독도를 바위라고 말하기는 어려운 것이었다.

오키노토리 섬은 썰물 때 섬 대부분이 수면 위에 모습을 드러낸다. 남북으로 약 1.7km, 동서로 약 4.5km에 이르는 독도보다 큰 면적이다. 그러나 만조 시에는 동소도(7.9㎡)와 북소도(약 1.6㎡)를 제외하고 모두 수면 아래로 가라앉는다. 이때는 독도보다 훨씬 작은 바위가 돼버린다. 2008년 3월 간조 시기의 오키노토리 섬은 해발이 1m밖에 되지 않는다. 만조 시기에는 약 16cm만이 물 위로 보인다. 이 시기는 섬 대부분이 물속에 가라앉고 마는 것이다. 이에 비해 독도는 서도가 해발 약 160m, 동도가 약 100m이다.

1994년 발효된 국제해양법조약 제121조 1항 및 3항은 다음과 같이 섬의 정의를 규정했다.

1. 섬이란 자연으로 형성된 육지이고 물에 둘러싸이며 만조 시에도 수
   면 위에 있는 것을 말한다.
3. 인간의 거주 또는 독자적인 경제적 생활을 유지할 수 없는 바위는
   배타적 경제수역 또는 대륙붕을 유하지 않는다.

이런 국제해양법으로 섬을 정의 내리면 오키노토리 섬은 만조
시기에 수면 위에 약간 남아 있기는 해도 인간이 거주하거나 독
자적으로 경제적 활동을 할 수 없는 곳이다. 일본이 인공적으로
섬의 만조 시기의 면적을 늘리려고 하고 있지만 국제해양법 조약
조문에 있듯이 섬이란 '자연으로 형성된 육지'가 아니면 안 된다.
그러므로 인공 섬은 배타적 경제수역의 기점이 될 수 없다.

결론적으로 울릉도와 오키섬 사이에 배타적 경제수역의 중간
선을 긋는 방법은 일본이 오키노토리 섬의 배타적 경제수역을 포기하지 않는 한 추진하기 어렵다. 한국 정부의 오키노토리 섬에 대한 공식 견해는 '섬'이 아니라 '바위'라는 데 있다.

그림 10 오키노토리 섬

그런데 일본의 오키노토리 섬에 대한 견해에 영향을 미칠 판결이 내려졌다. 2016년 7월 12일 네덜란드 헤이그에 있는 국제중재재판소가 중국과 필리핀 등이 영유권을 주장하는 남사군도를 중심으로 하는 남중국해의 분쟁에 대해 판결을 내린 것이다.

결론은 중국이 주장하는 남사군도와 남중국해 수역에 대한 영유권 주장에는 법적 근거가 없다는 것이었다. 남사군도 등은 밀물 때 거의 수면 아래로 가라앉기 때문에 섬으로 간주할 수 없으므로 배타적 경제수역 200해리를 갖지 못한다는 내용이 포함되었다.

국제중재재판소는 국제사법재판소와 달리 그 판결에 구속력이 없지만 남중국해의 남사군도를 중심으로 하는 영유권 분쟁에 대한 이 판결은 오키노토리 섬 문제에 대해서 영향이 있을 것으로 전망된다.

이 판결로 보면 오키노토리 섬도 섬으로 볼 수 없고 바위로 봐야 하기 때문이다.

한일동맹 체결로 독도 문제 해결

현실적이지는 못해도 논리적으로 본다면 한일동맹을 체결하면서 독도 문제를 해결할 수 있다. 일본은 한국과 군사적으로 보다 긴밀한 관계를 맺기를 원하고 있다. 2010년 일본은 한국에 군사정보교환협정을 요구했다. 완전한 한미일 공조를 위해 한미동맹과 미일동맹을 연결시키는 한일동맹이 논리적으로 필요한 것은 사실이다. 하지만 군사동맹을 맺을 때는 동맹 당사국 사이에 영유권 문제가 존재해서는 안 된다. 그러므로 군사정보교환협정뿐 아니라 한일동맹을 맺는다면 독도 문제를 해결해야 한다.

그때는 일본이 독도를 한국 영토로 인정한 다음 동맹을 체결해야 한다. 사실 한일동맹을 맺으면 북한이나 중국의 위협에 대해 한국이 전방 위치에 서게 되므로 일본은 한일동맹 체결과 동시에 일괄 타결 방식으로 한국의 독도 영유권을 확실히 인정해야 한다.

물론 현시점에서는 중국의 반대가 커서 현실적이지는 않다. 하지만 논리적으로 생각할 수 있는 내용이다. 문제는 중국의 반대 외에도 한일 양국의 국민이 반대할 수 있어 쉽지는 않은 방안이다.

그러나 세계는 격동의 시대로 접어들었다. 내일 무슨 일이 일어날지 모르는 현대를 슬기롭게 극복해 나가기 위해 모든 가능성을 열어놓고 생각해야 한다. 한일동맹 체결은 지정학적인 관점이 포함되는 해결책이다.

독도 문제의 또 다른 해결

독도 문제를 해결할 사법적 방법 중 잘 알려진 것이 있다. 국제사법재판소에 독도 문제를 공동으로 회부하는 방법이다. 최근 일본은 한국에 이 방법을 계속해서 요구하고 있다. 하지만 이는 한국이 독도 문제를 분쟁으로 인정하고 국제사법재판소 회부에 동의하지 않으면 적용할 수 없다. 그러므로 적용할 수 없다.

제3국에 독도 귀속에 대한 판단을 맡기는 중재 방식도 예측 불허하다. 최악의 경우에는 제3국의 판단을 신뢰할 수 없다는 위험이 있다. 1965년에 정한 교환공문에 의한 조정방식도 독도 문제를 분쟁으로 규정해야 작동하므로 적용할 수 없다.

이런 상황에서 독도 문제를 분쟁으로 인정하지 않고 이론적으로 가능한 방법은 한일 간 합의를 통해 원만하게 해결하는 '조정' 방식이다. 이는 서로 원하는 것을 얻는 방식이므로 한국은 독도 영유권을 얻고 일본은 다른 무엇인가를 얻는 것이다. 그러나 독도는 한국의 고유 영토이므로 한국인의 입장에서는 일본이 독도를 한국 영토로 인정하는 것만 필요할 뿐, 일본에 다른 무언가를 줄 것은 없다고 생각한다. 결국 이 방법도 국민적 공감대를 얻기 어렵다.

17세기 말 일본 에도막부는 울릉도를 조선 영토로, 독도를 울릉도에 속하는 섬으로 인정해 스스로 울릉도 문제를 해결했다. 지금의 독도 문제도 일본이 러일전쟁을 구실로 독도를 대한제국으로부터 약탈한 당시의 침략 행위를 뉘우치고 독도를 스스로 한국 영토로 인정하는 것이 일본과 한국 모두를 위한 가장 이상적인 결단이라 하겠다.

참고문헌 및 자료

한국 문헌 및 자료

- 《조선왕조실록》(태종실록, 세종실록, 숙종실록, 고종실록 등).
- 가와카미 겐조, 《일본의 독도 논리》, 권오엽(역), 백산자료원, 2010.
- 권오엽, 《일본고문서의 독도 히카에초》, 책사랑, 2010.
- 김명기, 《독도의 영유권과 신 한일어업협정》, 우리영토, 2007.
- 김명기, 이동원, 《일본외무성 다케시마 문제의 개요비판》, 책과사람들, 2010.
- 김병렬 외, 《독도자료집 Ⅰ·Ⅱ》, 바른역사정립기획단, 2005.
- 김병렬, 나이토 세이추, 《한일 전문가가 본 독도》, 다다미디어, 2006.
- 김부식, 《완역 삼국사기》, 김종권(역), 광조출판사, 1976.
- 김영구, 《독도, NLL문제의 실증적 정책분석》, 다솜출판사, 2008.
- 김호동, 《독도·울릉도의 역사》, 경인문화사, 2007.
- 박병섭, 나이토 세이추, 《독도 = 다케시마 논쟁》, 호사카 유지(역), 보고사, 2008.
- 사이토 간스케, 《은주시청합기》 독도자료집Ⅲ, 동북아역사재단, 2007.
- 서울대학교 규장각, 《규장각 소장 조선전도》, 민족문화, 2006.
- 송병기, 《고쳐 쓴 울릉도와 독도》, 단국대학교출판부, 2005.
- 오니시 토시테루, 《원록각서》, 권오엽(역) 제이엔씨, 2009.
- 이석우, 《독도분쟁의 국제법적 이해》(개정증보판), 학영사, 2005.
- 이원우 외, 《죽도기사 Ⅰ·Ⅱ》, 경상북도, 2012.
- 정병준, 《독도 1947》, 돌베개, 2010.
- 호사카 유지, 《일본 고지도에도 독도 없다》, 자음과모음, 2005.
- 호사카 유지, 《독두영유권에 대한 한일 및 주변국의 인식과 징책비교연구》, 한국해양수산개발원, 2007.
- 호사카 유지, 《'다케시마문제연구회' 최종보고서에 대한 비판》, 한국해양수산개발원, 2008.
- 호사카 유지, 《우리 역사 독도》, 책문, 2009.
- 호사카 유지, 《대한민국 독도》, 책문, 2010.
- 호사카 유지, 《대한민국 독도 교과서》, 미래엔, 2012.
- 《국립중앙도서관 소장 독도관련자료 해제집: 고문헌편》, 국립중앙도서관(편), 피알앤북스, 2009.
- 《『竹島 問題 100問 100答』에 대한 비판》, 경상북도 독도사료연구회(편), 경상북도, 2014.
- 《독도논문번역선 Ⅰ》다다미디어(편), 다다미디어, 2005.
- 《독도논문번역선 Ⅱ》바른역사정립기획단(편), 바른역사정립기획단, 2005.
- 《독도논문번역선 Ⅲ》동북아역사재단(편), 동북아역사재단, 2008.

- 《독도영유권 자료의 탐구 1, 2, 3》. 신용하(편). 독도연구보전협회. 1998.
- 《독도 영유권 확립을 위한 연구 II》. 영남대 독도연구소(편). 경인문화사. 2010.
- 《어용인 일기》. 권정(편역). 선인. 2010.
- 《죽도고 상·하》. 정영미(역). 경상북도. 2010.
- 「독도와 동아시아」. 웹사이트 한국어 자료.
- 「죽도문제」. 일본 외무성 사이트 한국어 자료.

일본 문헌 및 자료

- 「일본 국립공문서관」 소장 자료.
- 「일본 국립국회도서관」 소장 자료.
- 「일본 국회회의록」 공개 자료.
- 「한일회담」 공개 자료.
- 〈마이니치신문〉 기사
- 〈아사히 신문〉 기사
- 〈요미우리 신문〉 기사
- アメリカ伊能大図展実行委員会(編). 《アメリカにあった伊能大図》. 日本地図センター. 2004.
- 池内敏. 《大君外交と「武威」》. 名古屋大学出版会. 2006.
- 池内敏. 《竹島-もうひとつの日韓関係史》. 中央公論新社. 2016.
- 池内敏. 《竹島問題とは何か》. 名古屋大学出版会. 2012.
- 伊能忠敬研究会. 《伊能図》. 武揚堂. 2002.
- 大熊良一. 《竹島史稿》. 原書房. 1968.
- 大西俊輝. 《続·日本海と竹島》. 東洋出版. 2007.
- 奥原碧雲. 《竹島及鬱陵島》. ハーベスト出版. 2005.
- 川上健三. 《竹島の歴史地理学的研究》. 古今書院. 1966.
- 金学俊. 《独島研究》. 保坂祐二(監修). 論創社. 2012.
- 金炳烈. 《明治三十八年竹島編入小史》. 韓誠(訳). インター出版. 2006.
- 久保井規夫. 《図説 竹島=独島問題の解決》. 拓殖書房新社. 2014.
- 志位和夫. 《領土問題をどう解決するか》. 新日本出版社. 2012.
- 《シーボルトのみたニッポン》. シーボルト記念館. 2005.
- 下条正男. 《「竹島」その歴史と領土問題》. 方寸文庫. 2005.
- 下条正男. 《竹島は日韓どちらのものか》. 文藝春秋. 2005.
- 《竹島の領有》. 外務省条約局. 1953.
- 田村清三郎. 《演習資料 竹島問題の研究》. 島根県総務部. 1955.

- 田村清三郎.《島根県竹島の新研究》.島根県総務部.2005.
- 内藤正中,金炳烈.《史的検証竹島・独島》.2007.
- 内藤正中.《竹島(鬱陵島)をめぐる日朝関係史》.多賀出版.2005.
- 内藤正中,朴炳渉.《竹島＝独島論争》.新幹社.2007.
- 福永武彦訳.《現代誤訳　古事記》.河出文庫.2013.
- 福原裕二.《たけしまに暮した日本人たち》.風響社.2013.
- 保坂祐二.《独島・竹島の日韓史》.論創社.2016.
- 保柳睦美.《伊能忠敬の科学的業績》.古今書院.1974.
- 三好唯義他.《図説　日本古地図コレクション》.河出書房新社.2004.
- ロー・ダニエル.《竹島密約》.草思社.2008.
- 渡辺一郎他.《図説　伊能忠敬の地図を読む》.河出書房新社.2010.
- 渡辺一郎編.《伊能忠敬測量隊》.小学館.2003.
- 〈竹島方角図〉.東京大学図書館所蔵資料.1838.
- 〈大日本全図〉.陸軍参謀局.1877.
- 〈大日本国全図〉.内務省地理局.1881.
- 〈大日本帝国全図〉.農商務省.1897.
- 〈日本古地図大成〉.講談社.1975.
- 「독도와 동아시아」.웹사이트 일본어 자료.
- 「죽도문제」.일본 외무성 사이트 일본어 자료.

그밖에 해외 문헌 및 자료

- Hosaka, Yuji.「Is the so-called 'usk Letter'e a Critical Evidence of Japan' Territorial Claim to Dokdo Island?」.《Journal of Eastasia and International law》. Volume 7-1, 2014.
- Kim, Byungryull.《The History of Imperial Japan' Seizure of Dokdo》. Northeast Asian Foundation. 2008.
- Kim, Yong Koo.《A Pursuit of Truth in the Dokdo Island Issue》. Bub Young Sa. 2003.
- Park, Byoung-sup.《Dokdo/Takeshima Controversy》. Naito Seichu, National Assembly. 2009.
- The Korea Herald.《Insight into Dokdo》. Jimoondang. 2009.
- 「Dokdo Documents concerned with President Eisenhower」. Eisenhower Library in The U.S.A.
- 「Dokdo Documents concerned with San Francisco Peace Treaty」. NARA Documents in The U.S.A.
- Dokdo Documents in English in the web site of 「Dokdo & East Asia」.
- Dokdo Documents in English of 「The Issue of Takeshima」 in the web site of the Ministry of Foreign Affairs.

독도, 1500년의 역사

초판 1쇄 발행 2016년 8월 15일
초판 11쇄 발행 2022년 11월 20일

지은이 호사카 유지
발행인 안병현
총괄 이승은 **기획관리** 박동옥 **편집장** 임세미
기획편집 김혜영 정혜림 한지은 **디자인** 이선미 **마케팅** 신대섭 배태욱 **관리** 조화연

발행처 주식회사 교보문고
등록 제406-2008-000090호(2008년 12월 5일)
주소 경기도 파주시 문발로 249
전화 대표전화 1544-1900 **주문** 02) 3156-3681 **팩스** 0502) 987-5725

ISBN 979-11-5909-033-2 03910
책값은 표지에 있습니다.